Immobilien ankaufen und mit Gewinn verkaufen

Praxiswissen zum Immobilienhandel und der Fix&Flip-Strategie. Wie Sie die richtigen Objekte finden, bewerten, sanieren und weiterverkaufen

Bernd Ebersbach

Achtung, Gratis-Bonusheft!

Mit dem Kauf dieses Buches haben Sie ein kostenloses Bonusheft erworben. Dieses steht für eine begrenzte Zeit zum Download zur Verfügung.

Bei diesem Bonusheft handelt es sich um den **Immobilien Schnellreport.**

In diesem Heft erhalten Sie einen Kurzüberblick, in welchen 10 deutschen Städten sich im Moment ein Immobilienkauf besonders lohnen kann.

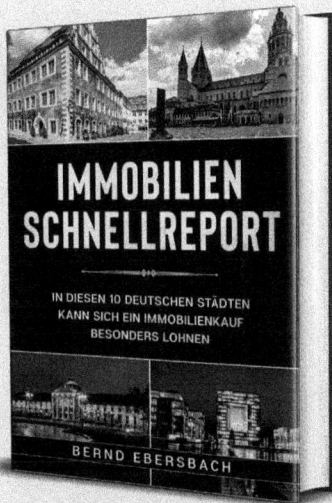

Alle Informationen, wie Sie sich schnell das Gratis-Bonusheft sichern können, **finden Sie am Ende dieses Buches.**

Inhaltsverzeichnis

Einleitung

Der An- und Verkauf von Immobilien erfolgt auf verschiedenen Wegen. Die in diesem Buch beschriebenen Mittel und Wege zum Immobilienhandel sind für Personen mit jedem Budget umsetzbar, das sich von 100.000 € aufwärts bewegt. Das **Budget** kann in **bar** vorliegen oder durch eine **Finanzierung** verfügbar sein; wichtig ist nur, dass es vorhanden und einsetzbar ist. Falls Sie mit dem Gedanken spielen, mit Immobilien zu handeln und das erforderliche Budget mitbringen, ist dieses Buch das richtige für Sie. Auch bei nicht vorhandenem Budget oder Interesse an der bloßen Sache ist diese Lektüre empfehlenswert. Sie werden nämlich von der **Suche nach einer geeigneten Immobilie** über eventuell erforderliche **Maßnahmen zur Sanierung, Renovierung und Modernisierung** bis hin zum **Aufbau eines eigenen Immobiliengeschäfts** mit kostbarem Knowhow versorgt.

Zu den drei wesentlichen Wegen, unter denen der Immobilienankauf sowie -verkauf erfolgt, gehören die folgenden:

- ◆ Ankauf zum geringeren Preis als dem Verkehrswert und sofortiger Verkauf

- ◆ Kauf von Immobilien in schlechten Zustand, um durch aufwertende Maßnahmen (Sanierung, Renovierung und/oder Modernisierung) den Kaufpreis zu steigern und die Immobilie gewinnbringend wenige Wochen oder Monate nach dem Kauf zu verkaufen („Fix & Flip" genannt)

♦ Langfristiger An- und Verkauf, wobei die Haltedauer bei mindestens zehn Jahren liegt, um die Spekulationssteuer beim Verkauf zu umgehen

Andere Varianten des An- und Verkaufs sind in ihrer Kernstruktur diesen drei Typen zuzuordnen oder für den Inhalt dieses Buches nebensächlich. Jede der drei in der Aufzählung geschilderten Methoden weist eigene Besonderheiten auf, die Sie in diesem Buch kennenlernen. Ein langfristiger An- und Verkauf von Immobilien mit einer Haltedauer von mindestens zehn Jahren wird nicht als eine gewerbliche Tätigkeit eingestuft, wodurch die Anmeldung eines Gewerbes entfällt. Bürokratische und steuerliche Vorteile sind die Folge. Anders ist es bei den beiden erstgenannten Methoden des An- und Verkaufs, die zeitnah erfolgen und bei regelmäßiger Durchführung eine Gewerbeanmeldung erfordern. Diese verpflichtet zur Abgabe von Steuererklärungen und der Abführung verschiedener Steuerarten. Dafür erzielen Sie durch zeitnahe An- und Verkäufe, wenn alles nach Plan läuft, schnelle Gewinne.

Wie Sie den An- und Verkauf betreiben, hängt von Ihrem **individuellen Konzept** ab, das Sie vielleicht bereits ausgefeilt haben, spätestens aber mit den Inhalten dieses Buches festlegen werden. Mit dem Konzept variiert die Suche nach geeigneten Immobilien als Investitionsobjekten. Die **Suche nach den passenden Immobilien** erhalten Sie im **ersten Kapitel** erklärt. Zum Teil ist das Kapitel eine gekürzte Wiederholung der Inhalte aus meinen Büchern „Intelligent investieren in Immobilien" und „Immobilien kaufen, vermieten und Geld verdienen" zum Teil aber setzt es wichtige neue Akzente: Abweichende Kriterien zur Immobilienauswahl zwischen Vermietung sowie An- und Verkauf werden vertieft, um die inhaltlichen Unterschiede zu meinen anderen Immobilien-Büchern zu verdeutlichen. Zum Abschluss von Kapitel 1 werden Ihnen detaillierte Informationen zur **Besichtigung von Immobilien** erklärt. Durch das vermittelte Wissen können Sie Qualitäten und Mängel der Immobilie besser erkennen, um die Investition präzise zu kalkulieren.

Das **zweite Kapitel** setzt nahtlos am Endes des ersten Kapitels an. Hier wird es interessant für all jene Investoren, die Immobilien in einem schlechten Zustand günstig kaufen und für einen gewinnbringenden Verkauf aufwerten. Sie lernen **Maßnahmen zur Sanierung, Renovierung und Modernisierung** kennen. **Pauschale Kostenangaben** und Hinweise zu den Gewerken optimieren Ihre Aussichten, die Aufwertung der Immobilie so profitabel wie möglich durchführen zu lassen. **Förderungsoptionen** eröffnen die Chancen zu lukrativen Förderungen, die entweder überhaupt nicht, lediglich teilweise oder zu geringen Zinsen zurückgezahlt werden müssen. Ratschläge zur Beantragung von Fördergeldern sind ebenfalls Bestandteil des zweiten Kapitels.

Das **dritte Kapitel** ist dem **gewerblichen Handel** mit Immobilien und der **Tätigkeit als Investor** gewidmet. Sofern Sie Immobilien kurzfristig an- und verkaufen, sind Sie gewerblich tätig. Verbunden damit ist die Pflicht zur Anmeldung eines Gewerbes. Belege müssen gesammelt werden, um Kosten im Zusammenhang mit der Immobilie steuerlich geltend machen zu dürfen. Für die Einkünfte müssen Steuererklärungen abgegeben werden, es fallen darüber hinaus Gewerbesteuern und wahlweise Mehrwertsteuern an. Auf das persönliche Einkommen müssen Einkommenssteuern, Kirchensteuern und Solidaritätszuschläge entrichtet werden. Wenn Sie in einem langfristigeren Horizont von über zehn Jahren handeln, bleibt Ihnen die Anmeldung eines Gewerbes erspart, sodass Sie **keine Steuern zahlen** müssen. Wie Ihnen dies gelingt und wie Sie die zehn Jahre mit der Immobilie in Ihrem Besitz überbrücken, verrät Ihnen das dritte Kapitel.

Das **vierte Kapitel** nennt Ihnen **Beschaffungswege für Immobilien**. Insbesondere die **Zwangsversteigerungen** als Methode, um Immobilien teilweise deutlich unter dem Verkehrswert zu erwerben, sind unter Investoren und Händlern von Immobilien beliebt. Die spezifischen Risiken von Zwangsversteigerungen werden beleuchtet, damit Sie über die Kompetenz verfügen, für sich auszumachen, ob bei Zwangsversteigerungen die Vorteile die Risiken beim Erwerb von Immobilien überwiegen. Im vierten Kapitel werden Sie zudem in das Geschäft eingewiesen, **Immobilienbewertungen** anzubieten und dadurch einerseits einen lukrativen Nebenverdienst einzufahren, andererseits Immobilien direkt vom Eigentümer provisionsfrei möglichst günstig zu erwerben. Diese und weitere Beschaffungswege für Immobilien erwarten Sie im vierten Kapitel, das vor dem Schlusswort den Abschluss des Buches bildet. Das Schlusswort selbst weist Sie auf weiterführende Informationsquellen hin, um Ihnen die Erweiterung Ihres Wissensschatzes zu erleichtern.

Um Enttäuschungen vorzubeugen, wird an dieser frühen Stelle darüber informiert, dass Sie beim professionellen und sicheren Immobilienankauf und -verkauf **immer auf Hilfe angewiesen** sein werden. Mängel, bei denen Unklarheiten über die Auswirkungen auf den gesamten Gebäudezustand bestehen, müssen von **Fachleuten (z. B. Bodenexperten, Statikern)** besichtigt werden. Andernfalls drohen versteckte Kostenfallen, die die gesamte Investition zu einem Verlustgeschäft machen. Nicht immer wird ein Experte zur Immobilienbesichtigung notwendig sein, aber stattdessen werden Sie vielleicht beim Verkauf auf einen **Makler** angewiesen sein. Wie Sie es drehen und wenden: An diesem Geschäft sind stets mehrere Parteien beteiligt. Langfristig können Sie sich Beziehungen zu Vertrauten aufbauen, womit Sie die Kosten senken und den Ertrag maximieren. Aber am Anfang des Geschäfts werden Sie beim An- und Verkauf sehr genaue Mathematik betreiben müssen, um sich zu vergewissern, dass Sie mit der jeweiligen Immobilie Gewinn machen. Stellen Sie sich also auf ein abwechslungsreiches Gesamtprogramm ein und lesen Sie die Inhalte mehrmals, um in der Praxis alles zu bedenken. An- und Verkauf von Immobilien ist keine Kunst, aber bei den ersten paar Immobilien ein großer und vor allem ungewohnter Organisationsaufwand. Danach rollt der Rubel, wenn Sie alles richtig machen. Gehen Sie den ersten richtigen Schritt – mit diesem Buch!

Immobilien richtig bewerten

Bei der Immobilienbewertung ist die **Lage** das erste Kriterium. Sie entscheidet zuerst darüber, ob ein Preis günstig oder teuer ist. Zudem gibt sie Rahmenbedingungen dafür vor, wie die Immobilie beschrieben und vermarktet wird. Die Zukunftspotenziale zur Wertsteigerung bemessen sich ebenfalls an der Lage. Weil ein Immobilienhandel nicht wie die Vermietung auf mehrere Jahrzehnte ausgelegt ist, ist eine gute Lage beim Handel wichtiger als bei einer Kapitalanlage.

Nach der Betrachtung der Lagekriterien werden die **Kennzahlen** der Immobilie zusammengetragen, um sie mit denen anderer Immobilien zu vergleichen. Die Kennzahlen an sich sind inhaltslos, aber im Vergleich mit anderen Immobilien in der Umgebung liefern sie Aufschluss darüber, ob sich die betroffene Immobilie als Investitionsobjekt lohnt: **Leerstandsquoten**, **Quadratmeterpreise** für kürzlich verkaufte Immobilien in der Nähe sowie eine **Prognose zur Entwicklung** sind die wichtigen Stichworte.

Zuletzt in diesem Kapitel werden die **Qualitätsmerkmale** der Immobilie beleuchtet. Wie die **Bausubstanz** erhalten ist und welche **Energieeffizienzklasse** die Immobilie hat, sind zwei der relevanten Kriterien. Die Qualitätsmerkmale der Immobilie sind vor allem im Zusammenhang mit Renovierung, Sanierung sowie Modernisierung für den An- und Verkauf relevant. Nur durch eine genaue Kalkulation der Kosten, die zur Herstellung des gewünschten Zustands erforderlich sind, kann ein Vergleich mit dem möglichen Verkaufspreis unternommen und die Immobilie als Investitionsobjekt einer finalen Wertung unterzogen werden.

Lage der Immobilie

Der Lageaspekt ist Ihnen aus meinen anderen Büchern möglicherweise bereits bekannt. Weil beim An- und Verkauf die Lagekriterien leicht von denen bei der Kapitalanlage in Immobilien abweichen, ist eine Wiederholung wichtiger Inhalte sinnvoll. Lagetechnisch wird in **Mikro-, Meso- und Makro-Lage** unterschieden, wobei die Grenzziehung zwischen den Lagen nicht immer einfach ist. Deutlich einfacher ist eine **Klassifizierung der Städte in A-, B-, C- und D-Städte**, anhand derer Sie eine erste Auswahl treffen, in welchen Städten Sie nach Immobilien zu suchen wünschen. Mit der **Gentrifizierung** existiert ein interessantes Phänomen, von dem Sie insbesondere als zahlungskräftiger Investor beim An- und Verkauf von Immobilien einen hohen Nutzen schöpfen können.

Mikro-Lage

Zur Mikro-Lage gehört **alles, was die Immobilie möglichst direkt umgibt**. Zunächst einmal ist es der Blick aus der Immobilie heraus auf die Umgebung und aus der Umgebung heraus auf die Immobilie.

Den höchsten Wert haben Immobilien in der Mikro-Lage, wenn sie …

♦ beim ersten Blick des Interessenten ansprechend aussehen.

♦ sich in einer sauberen und aufgeräumten Umgebung befinden.

♦ von ihrem Inneren aus eine gute Aussicht bieten.

Problem bei dieser Aufzählung: Es sind alles *subjektive Aspekte*. Was „gute Aussichten" sind, wodurch sich eine „ansprechende" Immobilie auszeichnet und wie „aufgeräumt" denn nun aufgeräumt genug ist, liegt im Auge des Betrachters. Bei näherem Blick erweist sich dies für Sie aber als Vorteil. Denn Sie können sicher sein, dass sich Interessenten für jede Art von Mikro-Lage finden, sofern die **kla-**

ren **No-Gos vermieden** werden. Zu diesen gehören **bröckelndes Mauerwerk, eine Umgebung rein mit Plattenbauten, zerklüftete Straßen.** Eine Immobilie in einwandfreiem Zustand, mit ein bisschen Grünflächen in der Umgebung und einer intakten Straße ist in der Regel bereits ausreichend. Immobilien, die dieses Kriterium nicht erfüllen, haben im Vergleich einen geringeren Wert. Wichtig sind außerdem die Immobilien in der unmittelbaren Umgebung: Eine Immobilie, die selbst schick aussieht, aber Nachbargebäude in einem desaströsen Zustand hat, wird hinsichtlich der Mikro-Lage abgewertet.

Ein Unterschied der Mikro-Lage beim Immobilienhandel im Vergleich zur Mikro-Lage bei der Vermietung ist die *größere Toleranz gegenüber einem schlechten Zustand der Immobilie.* Während bei der Vermietung und langfristigen Haltung einer Immobilie der Zustand möglichst gut sein soll, um eine Refinanzierung der Immobilie sicherzustellen, ist **beim An- und Verkauf auch bei einer maroden Immobilie eine schnelle Refinanzierung möglich.** Den hohen Investitionskosten steht der zeitnahe Versuch zum Wiederverkauf der Immobilie gegenüber. Glückt der Versuch, so hat sich die Immobilie in wenigen Monaten Kaufs-, Renovierungs- und Verkaufsprozess refinanziert. Eine marode Immobilie in einer im Hinblick auf die Mikro-Lage zufriedenstellenden Umgebung ist demnach beim An- und Verkauf ebenfalls ein geeignetes Investitionsobjekt.

Quintessenz: Zum Kauf animieren und nicht auf den ersten Blick abschrecken – dies ist die Devise bei der Mikro-Lage von Immobilien. No-Gos werden gewissermaßen durch einen gesunden Menschenverstand vermieden. Schauen Sie sich gern die Gegenden an und lassen Sie sich durch die bewohnten Immobilien inspirieren. Recherchieren Sie nach Immobilien, die zuletzt verkauft oder vermietet wurden. Denn hier finden Sie für gewöhnlich einen Eindruck davon, was eine gute Mikro-Lage definiert. Scheitert die Mikro-Lage nur an der Qualität der Immobilie, dann ist es kein Todesurteil für ein Investment. Sanierungen, Renovierungen und Modernisierungen lösen dieses Problem.

Meso-Lage

Meso **verbindet Mikro und Makro**; einerseits im wörtlichen Sinne durch die öffentlichen Verkehrsmittel, andererseits durch Angebote, die eine Alternative zur Makro-Lage darstellen. Man nehme als Beispiel eine Wohnung, die 20 Kilometer vom Stadtkern gelegen ist: Unmittelbar in der Umgebung der Wohnung befindet sich die bereits erklärte Mikro-Lage. Der Stadtkern ist der Makro-Lage zuzuordnen. Dazwischen liegen die 20 Kilometer Meso-Lage, die der Mieter oder Eigentümer der Immobilie zurücklegen muss, um in den Stadtkern zu gelangen. Diese Distanz ist grundsätzlich unattraktiv, sofern eine schlechte Anbindung der Immobilie an den Stadtkern besteht und auf dieser Strecke keine Angebote sind, die die Fahrt in den Stadtkern ersparen. Unter diesen ungünstigen Bedingungen wird die Immobilie als abgelegen bezeichnet. Besteht wiederum eine **gute Verkehrsanbindung** – vor allem auch durch öffentliche Verkehrsmittel – und existieren in der Meso-Lage **Supermärkte, Freizeiteinrichtungen und andere attraktive Angebote**, so ist die Immobilie gut angebunden, was deren Wert steigert.

Den höchsten Wert haben Immobilien in der Meso-Lage, wenn sie…

♦ gut an den Stadtkern angebunden sind, wobei öffentliche Verkehrsmittel mit möglichst wenigen Umstiegen den Interessentenkreis erweitern.

♦ die Angebote an Supermärkten, Schulen, Freizeitangeboten u. Ä. eine adäquate Alternative zum Stadtkern darstellen.

♦ möglichst viel Abwechslung im Zeitvertreib und in den Anlaufstellen zur Erledigung bürokratischer Aspekte (z. B. Finanzamt, Krankenversicherung, Rentenversicherung) geboten ist.

Immobilien, die wenige Kilometer nah am Stadtkern gelegen sind, haben fürs Erste keine Meso-Lage, weil der Stadtkern diese Rolle als Meso- und Makro-Lage zugleich einnimmt. Ferner sind Immobilien direkt in der Stadt ohne Makro-Lage. Beides sind positive Aspekte. Denn je näher die Immobilie am Stadtkern ist, umso zentraler liegt sie und umso höher ist ihr Wert. Namhafte Arbeitgeber, Flughäfen, zentrale Zug- und Busbahnhöfe, Attraktionen wie die Altstadt und Shoppingmeilen sind für gewöhnlich immer im Stadtkern oder nah dran.

Knifflig ist die Bewertung der Lage bei Immobilien, die zwar im Stadtkern liegen, aber wenig attraktiv sind. Oftmals fehlen Flughäfen, die Zug- und Busverbindungen sind rar und die Verfügbarkeit gut bezahlter Arbeitsplätze bei namhaften Arbeitgebern fällt ebenso gering aus. Hier werden Meso- und Makro-Lage nicht innerhalb der Stadt, sondern über die Stadt hinaus definiert. Die Immobilie und deren Umgebung bilden die Mikro-Lage, bis zum Stadtkern und zur nächsten attraktiven Stadt verläuft die Meso-Lage und die nächste attraktive Stadt ist die Makro-Lage.

Quintessenz: Mit der Meso-Lage treten also bereits erste Komplikationen in der Bewertung der Lage auf, wenn es um Immobilien in weniger attraktiven Städten geht. Zu diesen Städten erfahren Sie im Unterkapitel 1.1.4 im Zuge der Klassifizierungen Näheres. Fürs Erste dürfen Sie sich merken, dass die Mikro-Lage immer vorhanden und die nahe Umgebung der Immobilie ist. Ist die Immobilie innerhalb eines attraktiven Stadtkerns, dann entfällt die Meso-Lage, weil die Immobilie zentral und perfekt gelegen ist. So ist sie im Hinblick auf die Meso-Lage am meisten wert. Liegt die Immobilie jedoch nicht zentral, dann wird alles zur Meso-Lage gezählt und bewertet, was zum nächsten attraktiven Stadtkern mit Flughäfen, namhaften Arbeitgebern, Attraktionen, Universitäten und ähnlichen Angeboten führt. Im Vergleich zur Bewertung der Meso-Lage bei der Vermietung weist die *Bewertung der Meso-Lage beim An- und Verkauf nur dann einen Unterschied auf, wenn Großinvestoren am Werk sind.* Dann besteht durch den Zusammenschluss mehrerer Investoren oder die Zahlkraft eines multimillionenschweren Investors die Aussicht darauf, die Meso-Lage durch hohe Investitionen in einem großen Kilometerradius aufzuwerten.

Beispiel

Was man mit ein bisschen Kleingeld in der Hinterhand erreichen kann, bewiesen der Investor Sven-Erik Hitzer und sein Sohn Moritz Hitzer an der tschechischen Grenze im Bio-Dorf Schmilka. Das sächsische Dorf war bis ins neue Jahrtausend grau und von den Hochwassern Anfang der 2000er gezeichnet. Die Immobilien waren teils in einem maroden Zustand, die Abgeschiedenheit des kleinen Dorfes bot nicht viele Perspektiven. Der Investor aber sah das Besondere in der Gegend, in der er regelmäßig Wandern ging, um sich von dem Stress des beruflichen Alltags zu erholen. Er kaufte das heutige Hotel Helvetia als ein seit Jahrzehnten leerstehendes und baulich mangelhaftes Gebäude bei einer Zwangsversteigerung und erneuerte es rundum. Ähnlich tat er es mit einer Vielzahl weiterer Immobilien. Aber was das bis heute vermarktete Alleinstellungsmerkmal des Dorfes wurde, war seine Vision: die Schaffung eines Bioenergiedorfs. So kam es auch. Bio-Bier in der Bio-Brauerei – made by Investor Hitzer. Bio-Backwaren aus der Bio-Mühlenbäckerei – made by Investor Hitzer. Erstes zertifiziertes Bio-Hotel Sachsens, das Hotel Helvetia – made by Investor Hitzer. Negative Erfahrungen mit Ämtern hatte er laut eigener Aussage nicht. Dies ist kein Wunder. Denn Investoren, die graue Dörfer ausbauen und zu Touristenattraktionen mit Live-Musik und regem Personenverkehr machen, beleben die Wirtschaft. Also „rollte ihm der Staat den roten Teppich aus", das heißt, er erhielt Förderungen aufgrund der Bioenergie und anderer nachhaltiger Konzepte.

Makro-Lage

Die Makro-Lage meint in der Regel die **größere Umgebung der Immobilie**. Bei einer Immobilie, die bis zu 20 oder 30 Kilometer vom Stadtkern entfernt ist, wird der Stadtkern als Makro-Lage bewertet. Bei Immobilien, die direkt im Stadtkern liegen, können weitere, nah gelegene Städte in die Makro-Lage einbezogen werden. Um die **verschiedenen Auslegungen der Makro-Lage** nachzuvollziehen, empfehlen sich **zwei Beispiele**:

I. Rhein-Ruhr-Metropolregion: Eine Immobilie in Dortmunds Zentrum ist ausgezeichnet gelegen. Durch die direkte Verfügbarkeit von Bahnen, Bussen und weiteren Verkehrsmitteln sowie die in geringer Entfernung (bis 50 Kilometer) gelegenen weiteren Großstädte Gelsenkirchen, Essen und Düsseldorf umfasst die Makro-Lage sogar mehrere populäre Städte.

II. Hannover-Garbsen: Dieser Stadtteil Hannovers ist mehr als zehn Kilometer vom Zentrum gelegen. Um andere große Städte zu erreichen, sind mehr als 50 Kilometer zurückzulegen. Hier kann die Makro-Lage weder argumentativ noch unter sonst irgendeinem Gesichtspunkt auf andere Städte ausgedehnt werden. Die Makro-Lage ist Hannover-Zentrum, die Meso-Lage all das, was Hannover-Garbsen und Hannover-Zentrum miteinander verbindet.

Zurzeit ist die Stadt Königstein im Taunus bei Investoren und Kapitalanlegern beliebt. Die Finanzzentrale Frankfurt am Main mit einer hohen Zahl an attraktiven Arbeitgebern und explodierenden Mieten liegt nah an Königstein im Taunus. Weil eine zunehmende Anzahl an Personen aus dem teureren Frankfurt ins günstigere Königstein im Taunus zieht, steigen in Königstein die Immobilienpreise und Mieten.

Quintessenz: Die Makro-Lage bemisst sich hauptsächlich daran, wo attraktive Angebote für Arbeit, Freizeitvertrieb, Bildung, Natur und Verkehrsmöglichkeiten gegeben sind. Sie wird in vielen Fällen auf den Stadtkern reduziert. Bei mehreren weiteren Großstädten in einem Umkreis von 50 Kilometern von der Immobilie aus muss die Makro-Lage allerdings weiter gedacht werden. Solche Immobilien, die von mehreren Großstädten umgeben sind und selbst möglichst zentral liegen, wie sie z. B. die Rhein-Ruhr-Metropolregion bietet, sind lagetechnisch am wertvollsten.

1.1.4 Klassifizierung von Städten

Mit der Klassifizierung von Städten in Deutschland führen Sie die erste Eingrenzung bei der Immobilienauswahl durch. Es wird in A-, B-, C- und D-Städte unterteilt, wobei die D-Städte die risikoreichsten und unattraktivsten Städte sind. Sie empfehlen sich nicht für die Investition in Immobilien.

Die **A-Städte** sind schnell erklärt. Es handelt sich um die „**Big Seven**", nämlich **Berlin, Hamburg, München, Stuttgart, Frankfurt am Main, Düsseldorf und Köln.** Diese Städte erreichen bei Klassifizierungen ein hohes Ranking, weil sie die wichtigsten deutschen Zentren mit teilweise internationaler Bedeutung sind, die Regierung beheimaten, hohe Umsätze erzielen und viele attraktive Arbeitgeber haben. Grundsätzlich gelten Investitionen in diesen Städten als äußerst sicher. Damit einher gehen allerdings geringere Gewinn- und Renditechancen, weil das **Preisniveau bereits ein hohes Level** hat. Zum An- und Verkauf eignen sich, wenn überhaupt, nur Immobilien in einem schlechten Zustand. Sie werden günstiger gekauft, renoviert und dann zu den üblich hohen Marktpreisen verkauft. Selbst bei den „Big Seven" muss aber auf die Lagekriterien, die in 1.1.1 bis 1.1.3 erläutert wurden, geachtet werden.

Zu den **B-Städten** zählen Großstädte, die international zwar größtenteils oder komplett unbedeutend sind, aber dafür eine **nationale Bedeutung** haben. Die Mieten und Kaufpreise für Immobilien befinden sich auf einem geringeren Niveau als in den A-Städten, die Renditen können dafür bedeutend höher ausfallen. Nachteil ist das minimal erhöhte Risiko. Es existieren in B-Städten mehr Stadtteile, die lagetechnisch unattraktiv sind, als in A-Städten. Hier muss **verstärkt auf die Lage geachtet** werden. Beispiele für B-Städte sind Bochum, Bremen, Dortmund, Dresden, Hannover, Leipzig, Nürnberg und·Wiesbaden.

C-Städte haben eine eingeschränkte nationale Bedeutung. Sie sind **regional relevant**. Renditechancen liegen in C-Städten nochmals höher als in B- und A-Städten, Risiken damit einhergehend ebenfalls. Immobilien in C-Städten sind vor allem **dann ein attraktives Investment, falls sie in Metropolregionen und somit in der Nähe von A- und/oder B-Städten liegen.** Wenn die jeweilige C-Stadt zusätzlich ein Alleinstellungsmerkmal hat, wie z. B. eine renommierte Universität, sind die Konditionen zumindest in den zentralen Lagen gut. Beispiele für Städte in C-Lagen sind Augsburg, Braunschweig, Freiburg im Breisgau, Mainz, Mönchengladbach, Potsdam, Rostock und Saarbrücken.

Hinweis!

Ursprünglich wurde das Schema zur Klassifizierung der Städte für Gewerbeimmobilien entwickelt. Es wurde auf den Sektor mit Wohnimmobilien übertragen, aber bei Wohnimmobilien häufig in seiner Ausführung kritisiert. Beachten Sie, dass zur Bewertung der Städte nicht nur die starre Momentaufnahme gehört, sondern ebenso anstehende Zukunftsprojekte, die Entwicklungen der letzten Jahre für Prognosen sowie die Analyse der Bevölkerungsstruktur.

Quintessenz: Suchen Sie in erster Linie nach Investitionsobjekten zum An- und Verkauf in B- und C-Städten. Damit grenzen Sie sich auf profitable Gebiete ein. Je schlechter die Klassifizierung der Lage wird (von A nach D abwärts), umso wichtiger ist eine hochpräzise Auswertung der Mikro-, Meso- und Makro-Lage. Bei einer genauen Lage-Bewertung ist es sogar möglich, in der C-Stadt Freiburg im Breisgau genauso risikoarm wie in der A-Stadt München zu investieren und sich gleichzeitig hohe Rendite-Chancen zu sichern.

Gentrifizierung

Die anschaulichste und beeindruckendste Erklärung dafür, was Gentrifizierung ist, bietet Ihnen die Geschichte von Sven-Erik Hitzer und seinem Sohn Moritz. Bei einer Gentrifizierung werden ganze **Stadtteile, Straßen** oder – so zumindest im Falle der beiden Investoren in Schmilka – **ganze Dörfer aufgewertet**. Häufig ist die Gentrifizierung zum Leidwesen der Einwohner, weil damit steigende Mieten, Kaufpreise für Immobilien sowie eine Veränderung der vertrauten Umgebung einhergehen.

Rein **wirtschaftlich und ästhetisch betrachtet ist die Gentrifizierung ein Zugewinn**. Die Bedeutung des Begriffs führt in die Zeit des Adels in England zurück, als beobachtet wurde, dass der Adel aufgrund steigender Kosten in weniger ansprechende Gegenden umzog. Diese Gegenden wurden durch die Anwesenheit des Adels aufgewertet, sodass sich das Wort „Gentrification" von „gentry" (edel) ergab.

Eine Gentrifizierung bietet den **Pionieren** – also den Antreibern unter den Investoren und Kapitalanlegern – die **größten Gewinnaussichten**. Denn in den ersten Phasen der Gentrifizierung sind die Gegenden noch nicht weit ausgebaut, teilweise unattraktiv und noch viele Immobilien zu geringen Preisen zu haben. Wer zu diesem Zeitpunkt kauft, hat die Aussicht, nach mehreren Jahren des Neubaus von Geschäften, Freizeiteinrichtungen, der Sanierung von Immobilien und weiteren aufwertenden Maßnahmen seine Immobilie mit einem beträchtlichen Gewinn zu verkaufen. Denn die Gegend ist eine andere – was früher eine schlechte Mikro-, Meso- und eventuell Makro-Lage war, hat sich im Zuge der Gentrifizierung grundlegend gewandelt.

Die Durchführung einer Gentrifizierung wird durch äußerst finanzstarke Investoren – es müssen für eine zügige Durchführung mit merkbaren Effekten unterhalb eines Jahrzehnts Multimillionäre sein – angeleitet. Entweder beginnt der Investor allein oder es startet eine Gruppe an Investoren, die gemeinsam das Projekt in die Wege leitet. Der finanzielle und zeitliche Aufwand übersteigt den Gesamtaufwand beim An- und Verkauf von Immobilien, eröffnet allerdings große Gewinnchancen.

Tipp!

Sollten Sie ein kleineres Budget von bis zu einer Million Euro haben, dann können Sie eine Gentrifizierung zwar nicht in die Wege leiten, aber Sie können sich durch Lesen der Nachrichten permanent auf dem Laufenden halten, was aktuelle Projekte in Deutschland anbelangt. Da eine Gentrifizierung nicht von heute auf morgen kommt, können Sie mitten in den Stadtteilen, in denen die Gentrifizierung voranschreitet, in eine oder mehrere Immobilien investieren. Dadurch partizipieren Sie am Profit aus der Gentrifizierung bei einem geringeren Aufwand als die Großinvestoren und Pioniere.

Kennzahlen der Immobilie

Zu den Kennzahlen einer Immobilie gehören zunächst die grundlegenden und bekannten Informationen, die sich auch bei **Inseraten** zum Verkauf der Immobilie finden:

◆ Größe der Wohnfläche und – bei Vorhandensein – des Grundstücks in Quadratmetern

◆ Zimmeranzahl

◆ Baujahr

◆ Energieeffizienzklasse

◆ Preis und Quadratmeterpreis

Bei den Zimmern gilt, dass **große Räume bevorzugt** sind. Eine Wohnung mit 50 Quadratmetern kann als klein eingestuft werden. Bei einer Aufteilung in zwei Zimmer anstelle von dreien liegen immerhin Vorteile vor, weil der Mieter oder Eigentümer die **Wohnung besser ausstatten** kann und innerhalb der Zimmer **mehr Bewegungsfreiraum** hat. Eine hohe Anzahl an Zimmern ist insbesondere bei geringen Wohnflächen als kritisch anzusehen. Die Aufteilung der Quadratmeterzahl auf die einzelnen Zimmer entnehmen Sie dem **Grundriss**, der im Idealfall Teil des Inserats ist oder Ihnen sofort bei der Besichtigung der Immobilie vom Makler oder Verkäufer ausgehändigt wird.

Das **Baujahr** wird alternativ als **Baualtersklasse** bezeichnet. Unterschieden wird grob in Alt-, Bestands- und Neubauten, aber für zuverlässige Rückschlüsse zur Qualität der Immobilie ist das genaue Baujahr auszukundschaften. Zu den Eigenschaften der Immobilien in den einzelnen Jahrzehnten erfahren Sie mehr Details in meinem Buch „Immobilien kaufen, vermieten und Geld verdienen". Verwiesen werden soll daher an dieser Stelle nur darauf, dass **bei Immobilien aus der Nachkriegszeit bis zum Jahre 1993** – dem Jahr des Verbots der Asbest-Nutzung – **genaue Informationen zum verwendeten Baumaterial einzuholen** sind. Denn in der Vergangenheit kamen häufig gesundheitsschädliche Materialien zum Einsatz.

Unter Laien wird der **Energieeffizienzklasse** meist nicht die Aufmerksamkeit geschenkt, die sie verdient. Insbesondere beim Ankauf älterer Bauten können erheblich schlechtere Werte als bei neueren Immobilien gegeben sein. Da die Energieeffizienzklasse angibt, wie hoch der jährliche Heizwärmebedarf einer Immobilie ist, stellt sie ein wichtiges Kriterium zur Einschätzung der Folgekosten dar. Weil ein **energieeffizientes Haus** geringere Heiz- und Energiekosten aufweist, wird es einen **höheren Preis beim Verkauf** erzielen.

Energieeffi- zienzklasse	Endenergiebedarf / Endenergieverbrauch in kWh/(m²a)	Ungefähre jährliche Energiekosten pro m² Wohnfläche in Euro
A+	< 30	< 2
A	30 bis < 50	2
B	50 bis < 75	3
C	75 bis < 100	4
D	100 bis < 130	6
E	130 bis < 160	7
F	160 bis < 200	9
G	200 bis < 250	11
H	> 250	13 und mehr

Quelle: effizienzhaus-online.de

Der komplette Preis der Immobilie – wichtig: Kalkulieren Sie die Nebenkosten (Notargebühren, Grunderwerbssteuer, evtl. Maklergebühren) dazu! – ist für Sie zur Planung der Gesamtkosten relevant, ansonsten weniger interessant. Stattdessen sollte der **Quadratmeterpreis** hinzugezogen werden, weil er eine **bessere Vergleichsbasis mit anderen Immobilien** schafft und zur Beurteilung dessen, ob sich die Investition lohnt, unverzichtbar ist. Mit diesem Vergleich sind wir beim nächsten Unterkapitel und der Information zu weiteren Kennzahlen angelangt ...

Vergleich mit anderen Immobilien

Der Vergleich einer Immobilie, an der Sie interessiert sind, mit anderen Immobilien erfolgt immer in Bezug auf den Stadtteil bzw. die Region. Eine Immobilie aus München-Schwabing (relativ zentral gelegen) kann nicht mit einer Immobilie aus München-Solln (ganz im Süden) verglichen werden. Die **Quadratmeterpreise** variieren und ebenso die Nachfrage nach Immobilien. Diese beiden Aspekte – die Quadratmeterpreise in Bezug auf den Stadtteil sowie die **Nachfrage nach Immobilien,** die durch die **Leerstandsquoten** nachvollzogen wird – sind zum Vergleichen von Immobilien die mitunter wichtigsten.

Leerstandsquoten

Es ist auf der Suche nach geeigneten Investitionsobjekten sinnvoll, zuerst mit dem Vergleich der Leerstandsquoten in verschiedenen Stadtteilen zu beginnen. Wo hohe Leerstandsquoten herrschen, steht eine hohe Anzahl an Immobilien ungenutzt leer und kann nicht vermietet werden. Was nicht vermietet werden kann, kommt für den An- und Verkauf nicht in Frage. Bei **geringen Leerstandsquoten** lohnen sich Investitionen hingegen. Sie deuten auf eine **hohe Nachfrage nach Immobilien** hin.

In der Theorie wird die Leerstandsquote ermittelt, indem Sie die Menge der leerstehenden Wohnungen in einem Stadtteil, einer Straße oder einer Stadt nehmen und diese Zahl durch die insgesamt verfügbaren Wohnungen teilen. Dies ist auch bei einzelnen Immobilien möglich. Man nehme an, eine Wohnung hätte zehn Wohneinheiten, von denen zwei leer stünden: In diesem Fall beträgt die Leerstandsquote 20 Prozent, was durchaus als hoch einzustufen ist. Es entfällt dadurch ein Fünftel der Mieteinnahmen für Vermieter. Verkäufer müssen geringere Quadratmeterpreise der Immobilie akzeptieren. Hohe Leerstandsquoten existieren meist in maroden Gegenden, in C- und D-Städten sowie manchmal in unattraktiven Lagen in B-Städten.

Hinweis!

Es muss zwischen verschiedenen Arten des Leerstands unterschieden werden. Für die Quote unbedeutend ist der Leerstand wegen Umbaumaßnahmen. Außerdem ist mit dem spekulativen Leerstand eine besondere Art vorhanden, die sogar in allerbesten Lagen in A-Städten zu beobachten ist. Großinvestoren oder wohlhabende Personen kaufen Immobilien in Top-Lagen und lassen sie einige Jahre leer stehen, weil sie auf einen hohen Wertanstieg spekulieren. Sobald der Wertanstieg erfolgt ist, werden die Immobilien gewinnbringend verkauft. Der spekulative Leerstand ist für die Leerstandsquote ebenfalls irrelevant. Es geht rein um Immobilien, die aufgrund einer geringen Nachfrage leer stehen.

Die in der Theorie gegebene **rechnerische Vorgehensweise zur Ermittlung der Leerstandsquote** lässt sich **auf die Praxis in den seltensten Fällen übertragen**. Bei einzelnen Wohnblöcken ist die Ermittlung der Leerstandsquote zwar möglich, aber bei ganzen Stadtteilen wird es schwieriger. Sie müssten vor Ort selbst die Immobilien und die Hintergründe des Leerstands untersuchen. In seltenen Fällen existieren offizielle Reports für Stadtteile. Sie können also gern im Internet mit dem Keyword „Stadtname + Stadtteilname + Leerstandsquote" nach offiziellen Angaben suchen, werden meist aber nicht fündig. In der Praxis hat es sich daher etabliert, Nachrichten für einzelne Städte und Stadtteile zu durchsuchen oder sich vor Ort und über das Internet einen Eindruck von der Gegend zu verschaffen, um die **Leerstandsquote nach Gefühl zu beurteilen**. Zudem hilft es, die Preisentwicklungen zur Bestimmung der Leerstandsquote mit einzubeziehen.

Preisentwicklung der letzten Jahre

Zuallererst sei erklärt, wieso die Preisentwicklung **in Kombination mit der Leerstandsquote hilfreich** ist: Dort, wo die Preise nicht schwanken oder konstant sinken, sondern im Idealfall konstant steigen, ist von einer hohen Nachfrage nach Immobilien auszugehen. Die hohe Nachfrage führt zu geringen Leerstandsquoten.

Darüber hinaus ist die **Preisentwicklung bei langfristigen Investitionen als Kennzahl wichtig.** Eine langfristige Investition ist die Vermietung. Beim An- und Verkauf wird in der Regel nicht langfristig investiert; es sei denn, Sie halten die Immobilie bis zum Verstreichen der Spekulationsfrist mehr als zehn Jahre lang oder planen größere Projekte, die mehrere Jahre Nutzungszeit nach sich ziehen. Hier lohnt es sich ebenfalls, in Immobilien mit einer konstant steigenden Preisentwicklung zu investieren.

Der kurzfristige An- und Verkauf braucht keine steigenden Preisentwicklungen in Stadtteilen. Es muss lediglich eine geringe Leerstandsquote sichergestellt sein. Der Profit ergibt sich aus dem günstigen Ankauf und teureren Verkauf der Immobilie. Dies wird durch Verhandlungsgeschick erreicht oder durch den Kauf einer Immobilie in schlechtem Zustand mit anschließender Sanierung, Renovierung und/oder Modernisierung als wertsteigernden Maßnahmen.

Quadratmeterpreise im Stadtteil

Wichtiger als die Preisentwicklung im Stadtteil sind die Quadratmeterpreise im Stadtteil oder – noch besser und genauer – in der Straße, in der Sie eine Immobilie zu kaufen gedenken. **Immobilien mit verschieden großen Wohnflächen** sind **durch den Quadratmeterpreis gut vergleichbar.** Lassen wir den individuellen Zustand sowie die Kennzahlen der Immobilie als Kriterium außen vor, dann definiert der Quadratmeterpreis im Vergleich zu dem anderer Immobilien, **ob eine Immobilie teuer oder günstig ist.** Günstig ist demnach alles, was unter dem durchschnittlichen Quadratmeterpreis gekauft wird. Durch einen sofortigen Kauf und wenige Renovierungsmaßnahmen können Sie den Immobilienpreis oftmals schnell nach oben treiben und die Immobilie mit Gewinn wiederverkaufen. Immobilien mit einem Preis über dem durchschnittlichen Quadratmeterpreis sind zu teuer – hier spielt nicht mal der Zustand der Immobilie eine Rolle. Als Investitionsobjekt eignen sich diese Immobilien nicht.

Ziel ist also der **Kauf unter dem durchschnittlichen Quadratmeterpreis des Stadtteils,** wenn Sie an- und verkaufen. Dabei müssen die Nebenkosten des Kaufs mit einkalkuliert werden, um zu berechnen, ob sich die Investition lohnt. Immobilien, die sich in einem schlechten Zustand befinden, werden im Optimalfall deutlich unter dem durchschnittlichen Quadratmeterpreis erworben, um nach den Kosten und dem Aufwand für die Sanierung, Renovierung und/oder Modernisierung eine möglichst hohe Gewinnspanne zu haben.

Qualitätsmerkmale der Immobilie

Die bisherigen Aspekte 1.1 bis 1.3 führen Sie ohne die Besichtigung von Immobilien durch. Suchen Sie sich anhand der Beschaffungswege für Immobilien (siehe Kapitel 4) eine Vielzahl an Immobilien heraus, die Ihren Ansprüchen entsprechen. Welche Immobilien Ihren Ansprüchen entsprechen, hängt von Ihrem **Konzept zum An- und Verkauf** ab – also, ob Sie gezielt Immobilien in schlechtem Zustand ankaufen und aufwerten, sie über zehn Jahre halten oder ohne aufwertende Maßnahmen gewinnbringend verkaufen möchten.

Konzept	Eigenschaften	Anforderungen an Immobilie
sofortiger An- und Verkauf ohne Aufwertung	• Sie kaufen Immobilien in einem weitestgehend guten Zustand (kleinere kosmetische Maßnahmen wie ein neuer Boden sind irrelevant) • der Ankauf erfolgt unter dem Verkehrswert und üblichen Marktpreis • Sie verkaufen binnen kürzester Zeit wieder zu einem höheren Preis	Die Immobilie muss in gutem Zustand, nicht sanierungsbedürftig sowie maximal in geringen Maßen renovierungsbedürftig sein

An- und Verkauf mit Renovierung, Sanierung und/oder Modernisierung (auch „Fix & Flip" genannt)	• Immobilien in schlechtem Zustand werden deutlich unter dem Verkehrswert erworben • nach aufwertenden Maßnahmen muss der Verkaufspreis den Aufwand refinanzieren und einen Gewinn bringen	Die Immobilie kann in einem schlechten Zustand bzw. sanierungsbedürftig sein, aber nach Abzug der Kosten für Ankauf, Kaufnebenkosten und Aufwertung muss ein Gewinn möglich sein
An- und Verkauf mit zehnjähriger Haltedauer	• Immobilie muss nicht zwingend unter dem Verkehrswert erworben werden, weil durch die Vermietung während der Haltedauer und die natürliche Wertsteigerung im Laufe der Jahre ein Gewinn entsteht	Die Immobilie darf nicht in einem allzu schlechten Zustand sein, weil die Vermietung möglichst schnell erfolgen soll

Fakt ist, dass Sie die erste Auswahl an Immobilien ohne eine Besichtigung treffen. Nachdem Sie diese **Auswahl in ihren bevorzugten Städten mithilfe der Energieeffizienzklassen, Lage, Vergleiche mit anderen Immobilien sowie weiterer Kriterien** anhand von Informationen aus dem Internet oder aus Telefonaten eingegrenzt haben, ist es an der Zeit, sich einen **Eindruck von den Immobilien vor Ort zu verschaffen**.

Vor Ort geht es – insbesondere, wenn Sie sanierungsbedürftige Immobilien handeln – um die detaillierte Feststellung der Qualitätsmerkmale der Immobilie. Sie müssen durch die Besichtigung so genau wie möglich bestimmen können, wie hoch die Investitionskosten sind. **Zu hohe Investitionskosten** würden zu einem **Verlustgeschäft** führen. Bei entsprechenden Immobilien brechen Sie die Besichtigung ab oder verhandeln, damit der Verkäufer den Preis senkt. Bei im Vergleich zum potenziellen Ertrag überschaubaren Investitionskosten lohnt sich die Investition hingegen, sodass Sie die Immobilie entweder kaufen oder sie in Ihre engere Auswahl aufnehmen. Eine zu ungenaue Besichtigung vor Ort führt schlimmstenfalls dazu, dass nach dem Erwerb hohe Sanierungskosten auf Sie zukommen und Sie einen Verlust verzeichnen. Daher erörtern wir im Folgenden die **wichtigsten Kriterien im Zuge einer Besichtigung**.

Verwendete Baumaterialien

Die verwendeten Baumaterialien und deren Zustand sind die Basis, auf der die Bewertung der Qualität einer Immobilie erfolgt. Bestenfalls haben Sie als Interessent und auch später als Verkäufer eine **Baubeschreibung** vorliegen. Die Baubeschreibung führt auf, **welche Materialien für welchen Abschnitt des Hauses** verwendet wurden.

Hinweis!

Bei der Beauftragung einer Baufirma und bei der Kreditbewilligung durch Banken nimmt die Baubeschreibung die Rolle der Absicherung ein. Falls Sie als Bauherr eine Baubeschreibung erstellen, geben Sie der Baufirma klar vor, welche Materialien zu verwenden sind. So wird Missverständnissen vorgebeugt. Die Bank wiederum sichert sich durch die Baubeschreibung hinsichtlich der Nachhaltigkeit der Immobilie ab, indem sie sich von der Qualität der Baumaterialien überzeugt.

Für Sie ist bei Umbaumaßnahmen nach dem Kauf der Immobilie und bei Sanierungen eine Baubeschreibung vorteilhaft, denn dieser können Sie entnehmen, welche Wände stehen bleiben müssen, weil sie die Dachkonstruktion tragen. Die in der Baubeschreibung genannten Materialien lassen Rückschlüsse auf den Wert der Immobilie zu. Einige Baumaterialien zeugen von hohem Wert, andere von geringem Wert.

Bevor wir uns nun den Baumaterialien widmen, soll abschließend zur Baubeschreibung nicht unerwähnt bleiben, dass ihr Umfang der Erfahrung nach oftmals dürftig ist. Es bestehen nämlich **keiner-**

lei gesetzliche Regelungen für die Erstellung einer Baubeschreibung. Sollte die Baubeschreibung nicht vorliegen oder zu wenig Aufschluss geben, dann wird selbstständig oder unter Hilfestellung eines Sachverständigen am Gebäude überprüft, welche Baumaterialien im Groben vorliegen.

Eine **perfekte Baubeschreibung enthält Angaben zu den ...**

- örtlichen Gegebenheiten beim Bau
- verwendeten Baumaterialien
- Herstellern der einzelnen Komponenten
- Marken und Modellen der verbauten Armaturen, Fenster- und Türgriffe, Schalter, Steckdosen etc.
- wichtigsten Maßen (z. B. Gesamtgröße, Raumhöhe, Fenstergröße(n), Estrichstärke, Wandstärke und -aufbau und Kennwerte wie den Wärmeleitfähigkeitswert der verwendeten Dämmung, den Energiestandard und die technische Gebäudeausstattung)

Quelle: realbest.de

Wichtige Stellen, die es an der Immobilie in Bezug auf die verwendeten Baustoffe und den Zustand zu überprüfen gilt, sind **Putz, Dämmung, Wände und die Dacheindeckung**. Der Putz ist das, was auf den Wänden für eine verbesserte Optik und zum Schutz angebracht wird. Ohne das Gemisch, das Putz genannt wird, könnten die Wände nicht glatt gestrichen und tapeziert werden. Die Schutzwirkung des Putzes greift vor allem gegen Witterungseinflüsse. Innen ist Putz immer vorhanden, außen hingegen nicht. Bei einer bröckelnden Wand ist zu überprüfen, ob Putz oder Wand bröckeln. Bei **bröckelndem Putz** sind die **Kosten für eine Aufwertung gering**. Sollte hingegen die Wand bröckeln, dann ist von tiefgreifenderen Schäden in der Bausubstanz auszugehen.

Die **Wände** werden in den vergangenen Jahren vermehrt aus **Porenbeton** gebaut. Eine Immobilie mit Wänden aus Porenbeton bringt **gute Eigenschaften in der Wärmedämmung** mit sich. Anderes gilt für Kalksandstein, das dafür günstiger ist. Ziegel sind der Klassiker im Hausbau. Sie werden seit Jahrtausenden eingesetzt. Befinden sich die **Ziegel** in einem **einwandfreien Zustand**, dann sind **Material und Substanz des Gebäudes gut**. Kalksandstein ist als ein schlechtes Baumaterial einzustufen.

Neben den Wänden und dem Putz ist die **Dämmung** relevant. Unter dem Blickpunkt der steigenden Energiekosten, des Rückgangs von Ressourcen und der angestrebten Energiewende ist ein Gebäude, das eine schlechte Dämmung hat, in der Modernisierung teurer. Eine **geringe Energieeffizienzklasse** liefert einen Hinweis darauf, dass die **Dämmstoffe eine unzureichende Qualität** haben. Das Problem bei einer Aufwertung der Immobilie und einer Verbesserung der Dämmung ist, dass sich die Dämmstoffe mit den sonstigen Baumaterialien gut ergänzen müssen.

Hinweis!

Eine Verbesserung der Dämmung nach Ankauf der Immobilie ist zwar eine Möglichkeit zur Wertsteigerung, aber die Praxis hat gezeigt, dass die vermeintliche Aufwertung oft nur einen begrenzten Nutzen abwirft, weil die Maßnahmen teuer sind. Folglich kann es bis zu 50 Jahre dauern, bis sich die Kosten für eine verbesserte Dämmung amortisiert haben.

Genaue Kalkulation und **Vorsicht** sind bei Immobilien geboten, die eine **Energieeffizienzklasse unterhalb von D** haben. Grund hierfür sind die unberechenbaren Kosten für eine Optimierung der Energieeffizienzklasse. Wenn Sie in entsprechende Immobilien investieren, sollte vorher von einem Experten überprüft worden sein, ob sich die Dämmung zu verträglichen Investitionskosten optimieren lässt.

Weiter mit dem Dach und dessen Eindeckung: Eine **Dacheindeckung**, die aus **Schiefer** besteht, ist **das Beste, was es gibt**. Schiefer weist sehr günstige Eigenschaften zum Schutz des Daches auf und wirkt ästhetisch. Falls das Dach Ihrem Ermessen nach gut aussieht und ersichtlich wird, dass der Schiefer professionell verlegt wurde, ist schon mal ein klares Kaufargument für die Immobilie gegeben; vor allem dann, wenn Sie die Immobilie unter dem Verkehrswert erhalten und sie auch sonst in einem einwandfreien Zustand ist. Alternativen zu Schiefer sind Dachziegel und Dachsteine. Dachziegel sind aus gebranntem Ton und somit leichter, Dachsteine hingegen schwerer. Falls Sie **Altbauten sanieren**, sind **Dachziegel die günstigste und beste Option.** Aufgrund des geringen Eigengewichts lassen sie sich am sichersten mit den Altbau-Dächern vereinbaren, die oftmals nur darauf ausgelegt sind, ein begrenztes Gewicht zu tragen. Die restlichen Dachmaterialien sind die Lattung, die meist durch Holz und/oder Metalle erfolgt, sowie die Dämmmaterialien. Unter den Dämmmaterialien sticht die Mineralwolle besonders hervor. Mineralwolle speichert Wärme im Winter und hält Hitze im Sommer fern.

Für alle Baumaterialien gilt, dass mit der Moderne die Qualität zunimmt. Moderne Baumaterialien sind u. a. die folgenden:

- Titanzink
- Kupfer
- Glas
- Stahl
- Aluminium

Neben den hochwertigen und weniger hochwertigen Baumaterialien existiert in **Bestandsimmobilien aus den Nachkriegsjahrzehnten** eine weitere Materialkategorie: die **verbotenen und gesundheitsschädlichen Baumaterialien.** Hierzu gehört Asbest.

Sollten Sie Asbest feststellen – am häufigsten in Dächern von Gebäuden aus den 60er bis 80ern oder allgemein im Boden unter PVC als schwarzer Kleber vorhanden –, so kann eine Entsorgung notwendig werden. Eine Entsorgung ist nicht erforderlich, wenn es sich um Asbestplatten zur Wärmedämmung am Dach handelt, die in einwandfreiem Zustand sind. Hier ist das Asbest gebunden. Bei der ersten Beschädigung allerdings wird eine Erneuerung der Dämmung samt Entsorgung des Asbests notwendig. Dann sind die Kosten hoch: Zwischen 5.000 und 10.000 € für die Sanierung eines Asbest-Daches bei einem durchschnittlichen Einfamilienhaus und

Entsorgungskosten in Höhe von knapp 300 Euro pro Tonne kommen auf Sie zu. Überall dort, wo Asbest vorkommt und nicht gebunden ist, wie z. B. im Fliesenkleber, ist eine sofortige Sanierung notwendig. Die Kosten richten sich nach der Arbeit und dem dafür zuständigen Gewerk. Ähnlich verhält es sich mit anderen gesundheitsschädlichen Baumaterialien, wozu mitunter Formaldehyd gehört. **Begehen Sie Immobilien aus der Nachkriegszeit bis zu den 90ern daher im Idealfall mit einem Experten.** Dessen Kosten sollten im Verhältnis zu dem Ertrag stehen, den Sie durch den An- und Verkauf der Immobilie zu erzielen gedenken.

Unabhängig von den verwendeten Baumaterialien kann es immer zu Schäden oder Mängeln kommen. Bei der Erstbesichtigung sind Sie selbst imstande, die bekanntesten und offensichtlichsten Mängel zu entdecken bzw. auszuschließen. Hierbei hilft Ihnen folgende Checkliste:

Mangel	Falls vorhanden, dann folgende Konsequenzen berücksichtigen:
Feuchtigkeit	• auf Schimmel prüfen • Lüftung und Dämmung prüfen • auf Löcher in Wänden, Böden etc. prüfen • evtl. Rohrbrüche prüfen
aufsteigende Feuchtigkeit	• tritt verstärkt bei Häusern aus der Gründerzeit auf, weil das Fundament nicht betoniert, sondern mit Ziegeln ausgelegt wurde, sodass Feuchtigkeit durchdringen kann, die das gesamte Mauerwerk gefährdet • kann gerochen und ertastet werden, außerdem erkennbar an den Wänden wenige Meter über dem Boden, wo sich Streifen bilden und der Putz abfällt

Risse	• Mauerwerk näher prüfen • kleine Risse gelten als unbedenklich, größere Risse ziehen potenzielle Gefahren für die Bausubstanz nach sich
Löcher / Lücken	• bereits bei kleinen Löchern ist die Substanz kritisch zu überprüfen • kleinere und größere Löcher können allerdings auch auf frühere Lücken zu Leitungen zurückzuführen sein • Lücken tauchen in Holzkonstruktionen hin und wieder auf, wobei Termiten oder Schwämme, die sich durch das Holz fressen, ein Risiko sind -> akuter Ernstfall!
Undichte Stellen	• treten häufig bei Fenstern, Türen und anderen Elementen auf, die zwischen dem Mauerwerk liegen, was sich negativ auf den Energieverbrauch auswirkt • müssen beseitigt werden
Setzungsrisse	• gehen von außen nach innen und/oder verlaufen treppenförmig am unteren Rand des Gebäudes und sind ein Zeichen dafür, dass das Fundament einsinkt • ungeeignete Baugründe und defekte Leitungen aufgrund der entstehenden Feuchtigkeit sind mögliche Ursachen der Fundamentsetzung, die den Bestand der gesamten Immobilie gefährden kann • sofortige Untersuchung durch eine Fachperson

Neben den Mängeln in Bezug auf Funktionalität und Zustand sind die ästhetischen Mängel ausschlaggebend. Wurde die Immobilie wenig professionell errichtet, saniert oder anderweitig verändert, so fällt dies optisch ins Gewicht. Schief und uneben verlegte Fliesen

sind ein Faktor, der den Kaufpreis mindert. Gleiches gilt für Keller-
räume ohne Putz. Zwar ist ein Keller in erster Linie funktionell,
doch bietet ein optisch ansprechender Keller wesentlich mehr Möglichkeiten beim An- und Verkauf. Es kann z. B. eine Sauna mit Ru-
heraum eingebaut werden, die den Kaufpreis steigert.

Ferner ist **nach besonderen Qualitäten Ausschau zu halten.** Eine
Vielzahl an intakten Stromanschlüssen z. B. bedeutet Flexibilität für
den künftigen Bewohner der Immobilie und somit eine Steigerung
des Kaufpreises. Auch Sie profitieren während der Sanierungs-,
Renovierungs- und/oder Modernisierungsmaßnahmen von vielen
Stromanschlüssen, weil der Betrieb von mehreren Geräten zur gleichen Zeit möglich ist.

Aktualität der austauschbaren Systeme

Die relevantesten austauschbaren Systeme sind **Stromnetz, Sanitärinstallationen und Heizungssystem.** Probleme mit dem Stromnetz treten dann auf, wenn es den aktuellen Anforderungen nicht
entspricht, was im Grunde genommen bei sämtlichen Immobilien
aus dem letzten Jahrtausend der Fall ist. Zudem sammeln sich bei
Immobilien im Laufe der Zeit durch die Besitzer laienhaft montier-
te Stromleitungen an. Diese können an den bedenklichsten Stellen
verlaufen, wie z. B. unter der Dusche.

Vor dem Immobilienkauf sollte die **Anzahl der verfügbaren Steckdosen** geprüft werden, ein Nachweis der Leistungsfähigkeit ist ebenfalls vorteilhaft. Wenige Stromleitungen und eine geringe Menge an
Sicherungsschrauben im Sicherungskasten (z. B. drei Schrauben)
sind eindeutige Signale dafür, dass Umbauten unvermeidbar sind.
Im Zweifelsfall ist es notwendig, einen **professionellen E-Check
durchführen** zu lassen, der bereits für zwischen 120 und 250 Euro
zu haben ist. Liegen Mängel in der Elektroinstallation vor, dann
müssen diese fachgerecht behoben werden. Dafür ist das Aufstem-
men der Wände zum Austausch der elektrischen Leitungen von-
nöten.

Tipp!

Bedenken Sie, dass je mehr an einer einzigen Immobilie gemacht werden muss, die einzelnen Maßnahmen umso günstiger ausfallen. Falls zusätzlich zum Austausch der Stromleitungen die Wand ohnehin verputzt und neu tapeziert werden muss, weil sie ein gewisses Alter aufweist, fällt die Neuverlegung der Stromleitungen nicht mehr so stark ins Gewicht. Müssen obendrein noch die Rohre ausgetauscht werden, so senken sich die Kosten für jede einzelne Maßnahme nochmals. Seien Sie also bei der Kalkulation und der Planung von Sanierung, Renovierung sowie Modernisierung aufmerksam und kreativ. Denn wenn die Behebung verschiedener Schäden Parallelen in den Arbeitsschritten aufweist, dann sind die Gesamtkosten geringer als bei der Betrachtung einzelner Maßnahmen. Ausführliche Anleitungen in Bezug auf die Reihenfolge der Gewerke bietet Ihnen das zweite Kapitel.

Neben den Elektroinstallationen sind in Altbauten auch **Sanitärinstallationen** häufig ein Problem, da sie abgenutzt und korrodiert sein können. **Kalk- und Ablaufspuren an den Rohren sowie Ventilen** sind ein Hinweis darauf, dass die Sanitärinstallationen eines Austauschs bedürfen. Ob Sie diese Anzeichen feststellen oder auch nicht – am besten gehen Sie vor, wenn Sie sich **Baujahr und Herstellernamen der Bauteile aufschreiben und sich von unabhängigen Fachleuten beraten lassen.** Diese geben Ihnen Auskunft, wie es um den Zustand der Sanitärinstallationen bestellt sein könnte. Die Kosten für Kanalsanierungen können bei 1.000 € pro Stockwerk und darüber liegen.

Aktualität ist beim **Heizungssystem** aus rechtlichen Gründen noch wichtiger als bei den anderen soeben vorgestellten Systemen. Im Zuge der Energiewende müssen laut Gesetz Vorschriften bei den Heizungssystemen eingehalten werden. Die **Energieeinsparverordnung (EnEV) gibt für Heizkessel, die bis vor 1985 eingebaut wurden, eine Pflicht zum Austausch vor.** Heizkessel mit Baujahr ab 1985 aufwärts dürfen nur bis zu 30 Jahre in Betrieb sein. Von den Regelungen ausgenommen sind Brennwert- und Niedertemperaturheizkessel. Falls der bisherige Besitzer den verpflichtenden Tausch nicht durchgeführt hat, so bleiben Sie auf der Pflicht sitzen. Dies kostet Geld, denn unter 10.000 € läuft ein Austausch des Heizungssystems in der Regel nicht ab. Oberstes Gebot zur Vermeidung unerwarteter Zusatzkosten ist der **Einblick in Prüfberichte von Kontrolleuren.** Hier lässt sich Näheres zum Baujahr des Heizkessels erfahren. Darüber hinausgehend ist der **Austausch des Heizungssystems ohnehin bei den meisten Immobilien empfehlenswert, weil er deren Wert und Energieeffizienzklasse verbessert,** gleichzeitig aber den gesetzlichen Rahmenbedingungen entspricht und staatlich gefördert wird.

Ästhetische Aspekte bei der Begehung

Die bisherigen zwei Unterkapitel wiesen in detailliertere Aspekte der Besichtigung ein. Diese sind die wichtigsten. Beginner in der Branche lassen sich bei einer Immobilienbesichtigung des Öfteren zu schnell von den offensichtlichen ästhetischen Aspekten ablenken: frisch gestrichene Wände, glatter und neuer Boden sowie weitere Dinge, die direkt ins Auge fallen ... Dass sich unter einer frisch gestrichenen Wand Schimmel verbergen kann, wird im Eifer des Gefechts nicht bedacht. Zu überzeugend fällt der optische Anblick aus, um Schimmel überhaupt in Erwägung zu ziehen. Gleiches gilt für bröckelnden Putz, der überstrichen worden ist ...

Ehe wir uns mit ästhetischen Aspekten und deren Gewichtung während der Immobilienbesichtigung auseinandersetzen, sei zunächst betont: **Sie führen die Besichtigung mit all Ihren Sinnen durch.** Lassen Sie sich nie von einer frisch gestrichenen Wand blenden, sondern riechen Sie. Feuchtigkeit ist durch Geruch deutlich vernehmbar. Nach einigen Besichtigungen und Erfahrungen werden Sie die verschiedenen **Gerüche sowie anderen Sinneseinflüsse kategorisieren und richtig bewerten können.** Meistens können Sie schon als Laie bei der ersten Besichtigung erahnen, dass etwas nicht stimmt, weil der Geruch untypisch und „nicht gut" ist. Obwohl „nicht gut" als Bezeichnung relativ ist, werden bestimmte Baumängel von nahezu allen Interessenten, die bei der Besichtigung einer Immobilie alle ihre Sinne einsetzen, als ein nicht guter Geruch wahrgenommen, der allgemein unangenehm ist. Fassen Sie Sinneseindrücke, die Ihnen als unangenehm erscheinen, als Alarmsignal auf und bitten Sie um eine Erklärung des Verkäufers.

Gehen Sie bei Besichtigungen also immer (!) so vor, dass Sie **als Erstes die in Unterkapitel 1.4.1 und 1.4.2 geschilderten Aspekte prüfen.** Danach dürfen Sie sich gern einen allgemeinen optischen Eindruck verschaffen, der für den Gesamtzustand der Immobilie jedoch weniger von Belang ist. Zu den weniger wichtigen Punkten gehören vor allem:

- Türen und Fenster
- Wände
- Decken
- Böden
- sonstige individuelle Elemente

Die **Türen und Fenster** werden zuallererst oberflächlich betrachtet. Ein ansprechendes Design ist Geschmackssache. Bedenken Sie, dass das Design nicht in erster Linie Ihnen, sondern den Kaufinteressenten gefallen muss. Im nächsten Schritt erfolgt ein genauer Blick auf die Hochwertigkeit und Massivität der Fenster und Türen: Hochwertige Exemplare haben **dicke Scheiben oder Materialien** und somit **günstige Dämmeigenschaften.** Jedes Produkt sollte eine **Modellnummer** haben, anhand derer Sie durch Eingabe und Suche bei Google nähere Informationen zur Qualität erfahren.

Die **Wände und Decken** sind **bestenfalls in neutral weißer Raufaser tapeziert.** Farbige Wände müssen für den Verkauf weiß tapeziert oder gestrichen werden. Mit dieser Maßnahme ist bei nahezu jedem Immobilienkauf zu kalkulieren. Demnach ist dieses Kriterium eher unwichtig.

Interessanter wird es bei den Böden: Bodenbeläge sind eine teurere Investition. Bei **aufgeplatzten Böden** muss der Estrich abgetragen und neu verteilt werden. Dies ist **teuer.** Genauere Kostenangaben folgen wie zu jedem Punkt im nächsten Kapitel. Hinzu zu den Est-richkosten kommt der neue Bodenbelag, der ebenfalls kostet. Ein **Boden in gutem Zustand ist vorteilhaft**. Ist zudem der Bodenbe-lag gut in Schuss, sparen Sie an potenziell immensen Kosten. **Bei Teppich ist immer ein Austausch notwendig.** Hygiene und Optik sind nach mehreren Jahren meist nicht mehr angemessen. Zudem wurden bei der Verlegung vieler älterer Teppiche aus dem letzten Jahrtausend Giftstoffe eingesetzt.

Hinweis!

Seien Sie bei Fliesen besonders vorsichtig! Die Demontage ist oft teu-er, weil die Art der Befestigung am Unterboden unklar ist. Je nach De-montage kann es dazu kommen, dass der Unterboden stark beschädigt wird – Stichwort: Estrichbruch. Argumentieren und kalkulieren Sie bei Fliesen immer mit hohen Kosten; es sei denn, sie befinden sich in einem einwandfreien Zustand.

Sonstige individuelle Elemente bei einer Besichtigung der ästheti-schen Aspekten sind z. B. Säulen und Balken. Balken an der Decke können Stile wie den Landhausstil malerisch unterstreichen. Säulen bringen meist edle Akzente in die Immobilie. Wichtig ist nur, dass diese Elemente nicht viel Platz beanspruchen und sich die Räum-lichkeiten gut ausstatten lassen.

Balkone

Balkone haben **beim An- und Verkauf von Wohnungen in Gebäu-dekomplexen eine wichtige Bedeutung**. Sie steigern den Wert in einem nicht zu unterschätzenden Ausmaß, da sie in Gebäudekom-plexen als Ersatz für den Garten dienen, neue Trends wie das Urban Gardening ermöglichen, zum Grillen und für private Stunden in der Sonne genutzt werden und in vielerlei weiterer Hinsicht die Nähe zur Natur in einem privaten Rahmen gewährleisten.

Alte Balkone haben meist an folgenden zwei Stellen **gravierende Schwachpunkte**, die definitiv einer Ausbesserung bedürfen:

1. Wärmeschutz
2. Wasserabführung

Bei Balkons, die bis in die 80er Jahre gebaut wurden, wurde die **Betondecke der Obergeschosse verlängert und ragte heraus.** Diese sogenannten **Auskragungen** sind Stellen, an denen es zu Wärmebrücken kommt, über die die Wärme von Innen nach Außen fließt. Weil die Dämmung bei vielen Bestandsimmobilien aus der Zeit bis in die 80er Jahre ohnehin nicht zufriedenstellend ist, ist dieses Problem nicht allzu gravierend. Problematisch wird es aber, wenn Sie die Immobilie nachträglich dämmen, jedoch die Auskragungen vergessen. Achten Sie also auf die Auskragungen an den Balkons und lassen Sie sich vom Verkäufer informieren, wie die Balkons errichtet wurden. Bei Vorhandensein von Wärmebrücken ist verstärkt **auf Schimmelpilzbildung und kondensiertes Wasser an den Wänden im Inneren der Wohnung Acht zu geben.** Schwachstellen, an denen die Schäden durch Auskragungen bei Balkons festgestellt werden können, sind zudem Rollladenkästen und Heizkörpernischen.

Hinsichtlich der **Wasserabführung** kann sich bei Balkonen von Bestandsimmobilien ein fehlender sicherer Wasserablauf bemerkbar machen. Wird das Wasser nicht von der Hauswand zielgerichtet abgeführt, so sind Feuchtigkeitsprobleme vorprogrammiert. Bei der Besichtigung einer Immobilie muss ein **Gefälle klar erkennbar sein**, sodass das Wasser nicht über die Hausfassade abfließt oder zu den Balkontürdurchgängen läuft.

Hinweis!

Neben den Regenrinnen ist der Unterboden des Balkons im Hinblick auf Wasserabführung kritisch zu inspizieren. Der Bodenbelag sollte eine Neigung vom Gebäude weg haben. So läuft Wasser, dass auf dem Balkon landet, von den Wänden und nach außen von der Immobilie weg. Um den gesamten Balkonboden herum ist eine Regenrinne wünschenswert, die die Flüssigkeit vom Balkon in die Hauptrinne ableitet.

Terrassen- und Balkonsanierungen infolge von Schwachstellen sind kostspielige Angelegenheiten mit Preisen von **im Normalfall 2.000 € bis 4.000 €** – sie tendieren eher zum höheren Ende der Preisspanne. In Anbetracht dessen, dass dem Balkon nicht die Hauptaufmerksamkeit gelten sollte, sind dies hohe Beträge, die bei Bauschäden oder Defiziten zur Ausbesserung anfallen.

Treppenhaus

Beim Kauf einer **Eigentumswohnung** haben Sie einen **Anteil am Treppenhaus**. Das Treppenhaus ist nicht zu unterschätzen, weil es mitsamt all seinen Komponenten zum **ersten Eindruck einer Wohnung** gehört. Was vermuten Sie, wie viele Interessenten – ob Käufer oder Mieter – auf dem Weg von der Briefkastenanlage mit Klingel über das Treppenhaus bis vor die Wohnungstür schon eine endgültige Entscheidung gegen den Kauf fällen? Viele. Andersrum kann ein optisch ansprechendes Treppenhaus nicht direkt zum Kauf überzeugen, aber ein Pro-Argument für den Kauf setzen, das nachhaltig Eindruck hinterlässt.

Das Problem mit dem Treppenhaus und allem, was dazugehört, ist, dass **Umbauten nur mit Zustimmung der anderen Wohnungseigentümer umsetzbar** sind. Sie werden sich an die ersten beiden Teile dieser Reihe erinnern und Bescheid wissen, dass die Umsetzung von Umbauarbeiten an die Zustimmung bei den Wohnungseigentümerversammlungen geknüpft ist. Da ist als Neuling nicht viel zu reißen; insbesondere dann nicht, wenn Sie vieles umkrempeln möchten. Achten Sie deswegen ab Kauf daran, dass die jeweilige Immobilie sich durch ein einladendes Treppenhaus charakterisiert. Andernfalls werden Sie sehr viel Geld in die Erneuerung der Wohnung stecken müssen, um den negativen Ersteindruck zu entkräften.

Zum Treppenhaus gehören die **Briekastenanlage**, die **Klingel mit Namensschild**, die **Außentür des gesamten Gebäudes**, die **Innentüren zur jeweiligen Wohnung**, die **Treppen** und das **Geländer**. Besonders willkommen sind Fahrstühle oder Treppenlifte, weil sie den Komfort steigern und zur Barrierefreiheit beitragen. Bei dem Wechsel alter Türen gegen Neuere ist zu beachten, dass die Öffnungen keine heutigen Normgrößen haben. Erst **ab Immobilien aus den 90ern wurden Größen genormt.** Dementsprechend sind beim Türenwechsel eventuell Maßanfertigungen notwendig, wobei die Kosten bis ins Dreistellige für qualitativ mittelmäßige und Vierstellige für qualitativ hochwertige Türen reichen. Dies gilt auch für den Tür- und Fensterwechsel innerhalb von Wohnungen und Häusern!

Treppenhäusern, Türen, Briefkastenanlagen und Türklingeln aus dem letzten Jahrtausend merkt man das Alter an. Sie genügen weder den heutigen Ansprüchen an Energieeffizienz noch den Ansprüchen an Ästhetik. Häufig sind gepunktete Treppen und türkise Geländer mit Gummi-Halterungen anzutreffen – ein ausladendes Erscheinungsbild! Weil Änderungen am Gemeinschaftseigentum in Fällen wie diesen fast immer notwendig sind, um die Immobilie zu einem höherem Preis zeitnah zu verkaufen, aber die anderen Eigentümer auf Versammlungen dazu meist nicht bereit sind, kaufen Investoren sowie Gewerbetreibende häufig Häuser auf und verkaufen diese oder sichern sich die **gesamten Wohnkomplexe, um ungestört Änderungen vornehmen zu dürfen.**

Zusammenfassung

Die Bestimmung eines Immobilieninvestments erfolgt in erster Linie anhand der Lage-Kriterien. Es wird in A-, B-, C- und D-Städte unterteilt. Investitionen in A-Städte und die meisten Stadtteile der B-Städte sind aussichtsreich. Auch C-Städte in renommierten Lagen sind vielversprechend, D-Städte wiederum sollten gemieden werden. Die Immobilie in jeder Stadt ist im Hinblick auf die Mikro-, Meso- und Makro-Lage kritisch zu bewerten. Damit einhergehende Aspekte sind die Freizeitangebote, die Anbindung an den öffentlichen Nah- und Fernverkehr, das Angebot an Arbeitsplätzen und Bildungseinrichtungen sowie die Ästhetik der unmittelbaren Umgebung der Immobilie.

Nachdem die Lage-Kriterien auf das potenzielle Investitionsobjekt angewandt wurden, gilt die Aufmerksamkeit dem Vergleich mit anderen Immobilien. Zu berücksichtigen sind die Leerstandsquoten in der jeweiligen Umgebung, die Preisentwicklungen der letzten Jahre und die Quadratmeterpreise im Stadtteil. Sollten vergleichbare Immobilien in derselben Gegend in Hinblick auf all diese Aspekte positiv abschneiden, so kann sich sogar ein Investment in einer D-Stadt lohnen.

Immobilien, die bis hierhin zur persönlichen Investitionsstrategie passen, werden im Anschluss besichtigt. Speziell die Immobilien, die aus kritischen Jahren (z. B. 50er bis 90er Jahre im Hinblick auf Asbest) stammen, werden am besten mit Experten beaufsichtigt. Ansonsten existiert eine Reihe von Aspekten, die bereits Laien gut unter die Lupe nehmen können: Bröckelnder Putz bedarf immer einer Renovierung, Teppiche müssen immer herausgerissen werden, bei Feuchtigkeit sollte ein Experte hinzugezogen und besonders auf Schimmel geachtet werden. Sollten Türen, Fenster oder Treppenhäuser nicht mehr modern sein, fällt dies auf den ersten Blick auf. Des Weiteren zieht ein negativer Energieausweis die Notwendigkeit einer energieeffizienten Sanierung nach sich. Grundrisse mit kleinen Räumlichkeiten kommen bei Käufern und Mietern schlecht an. Sie sind zu größeren Räumlichkeiten zu erweitern. Je mehr Besichtigungen Sie vornehmen, umso geschulter wird Ihr Auge mit der Zeit sein. Behalten Sie die Qualitätsmerkmale der Immobilie im Auge und lernen Sie, Kosten für Renovierungen, Sanierungen sowie Modernisierungen zu schätzen und zu argumentieren, um den Kaufpreis der Immobilie zu senken. Genau hier setzt das zweite Kapitel an …

Ran an die Arbeit! Alles zu Renovierung, Sanierung, Modernisierung und Ausbau

Nach der Besichtigung, wenn die Entscheidung für den Immobilienkauf gefallen ist, geht es an die Arbeit. Entweder bemühen Sie sich im Rahmen einer Vermarktung sofort um den gewinnbringenden Weiterverkauf der Immobilie oder Sie führen Arbeiten durch, um die Immobilie aufzuwerten. Eine aufgewertete Immobilie wird im Wert gesteigert. Dieses Kapitel weist sie in sämtliche Arbeiten ein, die der Aufwertung der Immobilie dienen. Die vier Arten der Arbeiten, die anfallen können, sind Renovierung, Sanierung, Modernisierung und Ausbau. Eine **Renovierung** dient der Erneuerung der Immobilie, um sie in einen **optisch ansprechenderen Zustand** zu versetzen. Die **Sanierung** dient mit ihren Maßnahmen der **Instandsetzung** der Immobilie, damit sie nutzbar wird. Bei der **Modernisierung** handelt es sich um alle Maßnahmen, die ergriffen werden, um die Immobilie in einen den **heutigen Anforderungen entsprechenden Zustand** zu versetzen; zentrales Stichwort ist die Energieeffizienz, die Ihnen attraktive Förderungen zur Finanzierung der Arbeiten und Maximierung Ihres Profits bietet. Der **Ausbau** einer Immobilie **erweitert den bestehenden Wohnraum**.

Zu Beginn des Kapitels in 2.1 werden Ihnen sämtliche Gewerke vorgestellt, die im Zuge der Arbeiten wichtig sind. Die Gewerke werden zudem in der Reihenfolge vorgestellt, in der sie ihrer Arbeit nachkommen sollten, damit es zu keinen Überschneidungen mit anderen Gewerken kommt. Die Kosten, die in Verbindung mit Renovierungen, Sanierungen, Modernisierungen und dem Ausbau anfallen, werden in Unterkapitel 2.2 ausgeführt. Hier erfahren Sie, wie Sie selbst zu den Arbeiten beitragen können, um Geld zu sparen, und welche Kosten auf Sie zukommen, wenn Sie alle Arbeitsschritte durch externe Dienstleister bewerkstelligen lassen. Unterkapitel 2.3 bietet Ihnen eine detaillierte Übersicht über die Förderungsoptionen, die bei energetischen Modernisierungen der Immobilie vergeben werden. Lernen Sie Ausschlusskriterien, Konditionen sowie sonstige Rahmenbedingungen der Förderungen kennen. Hinweis: Es werden nicht nur Förderungen der KfW vorgestellt, sondern auch die anderer Institute. Im Unterkapitel 2.4 wird ein Blick speziell auf den Ausbau geworfen, wobei der Schwerpunkt auf dem rechtlichen Aspekt, Genehmigungen einzuholen, liegt.

Alles in allem dient das Kapitel 2 nicht nur dem Einblick in die Arbeiten und der Kalkulation der Kosten für die Aufwertung der Immobilie, sondern auch einer kompetenteren Besichtigung der Immobilie. Sobald Sie dieses Kapitel gelesen haben, werden Sie durch das fachliche Knowhow imstande sein, die Besichtigung, zu der im ersten Kapitel Wissen vermittelt wurde, noch genauer durchzuführen und besser über die Investition in Immobilien zu befinden.

Die einzelnen Gewerke in der Übersicht

Die Übersicht über die einzelnen Gewerke erfolgt in den folgenden Abschnitten in genau der Reihenfolge, in der Sie die Arbeiten durchführen lassen sollten. Durch eine **korrekte Reihenfolge bei der Arbeit der Gewerke** gehen Sie kostspieligen negativen Überraschungen während der Bauarbeiten aus dem Wege. Beispielsweise macht es keinen Sinn, die Fenster einbauen zu lassen, solange der Elektriker seine Arbeiten noch nicht vollzogen hat. Der Grund hierfür ist, dass der Elektriker die Wände aufreißt, um die Leitungen zu verlegen. Für den Einbau der Fenster sollte der Wandtrockenbau bereits fertig sein, was er nicht sein kann, wenn alles aufgerissen ist und die Leitungen sowie Versorgungsschächte gerade verlegt werden.

Eine korrekte Reihenfolge ist also maßgeblich für eine plangemäße und erfolgreiche Arbeit an der Immobilie, bei der nicht alle Kostenposten doppelt oder dreifach auftreten. Sie könnten die Verantwortung für die Durchführung einer Sanierung, Renovierung oder Modernisierung, die besonders umfangreich ist, zwar an einen Architekten oder einen anderen zentralen Dienstleister abtreten, jedoch zu stark erhöhten Kosten. Meistens haben diese Dienstleister ihre festen Partner, die nicht zwingend günstig sind. Es zahlt sich daher aus, **sich selbst zu organisieren**; sozusagen der Dirigent zu sein und die Kapelle möglichst kostengünstig zusammenzustellen. Finden Sie deswegen **in jedem Gewerk einen oder bestenfalls zwei kostengünstige Partner,** die Sie aus einem Vergleich mehrerer Dienstleister heraussuchen und mit denen Sie ein langfristiges Geschäft aufbauen. Dann führen Sie die Arbeiten am besten in der nachfolgenden Reihenfolge durch. Selbstverständlich können Sie Gewerke, die Sie nicht benötigen, weglassen. Nur, wenn Sie komplett baufällige Immobilien kaufen und mit Innenausstattung (Küche, Mobiliar, Beleuchtung) verkaufen möchten, werden Sie all diese Schritte benötigen.

Vorbestellungen

Für **Küche, Fenster und Türen** sind Vorbestellungen notwendig. Wenn Sie diese Komponenten nicht bestellen möchten, können Sie **alternativ auf fertige Produkte zurückgreifen,** wodurch die Lieferzeiten entfallen und sie keine Vorbestellungen tätigen müssen. Der Zugriff auf fertige Produkte hat zwei wesentliche Nachteile: Zum einen ist es schwierig, genau das zu erhalten, was man sich wünscht. So wird die Küche meist ein Standard-Produkt und dass alle Fenster aus derselben Produktlinie stammen und somit einheitlich sind, ist ebenfalls ungewiss. Zum anderen nimmt Ihnen der Kauf fertiger Produkte das Individualisierungspotenzial. Sie müssen den Grundriss nach den Produkten ausrichten.

Am besten ist es also, den **Grundriss vorher zu planen**, falls er geändert werden soll, oder den **vorhandenen Grundriss** zu nehmen und **die Komponenten passgenau** für die Immobilie zu bestellen. Während die Bestellung einer Küche optional ist, weil Immobilien nicht zwingend mit Küchen verkauft werden müssen, verhält es sich bei Fenstern und Türen anders. Diese müssen in einer verkaufsbereiten Immobilie vorhanden sein. Sind in der von Ihnen angekauften Immobilie bereits gute Fenster und Türen vorhanden, können Sie diese optisch noch erneuern, indem Sie sie schleifen und lackieren lassen. In diesem Fall wäre ein Tischler das passende Gewerk. Bei Türen, die nicht aus Holz sind, lohnt sich ein Austausch bei einem starken Abnutzungsgrad mehr.

Beim Neueinbau von Fenstern und Türen führen Sie am besten direkt eine **energetische Modernisierung** durch. Diese ist als Beitrag zur Energiewende förderungsfähig, was die Kosten für Arbeiten an der Immobilie senkt. **Fenster mit Dreifachverglasung** sind das hochwertigste, was die Modernisierung zu bieten hat. Bei Türen ist die Auswahl ebenfalls beachtlich. Sie lassen sich mit modernen Sicherheitssystemen ausstatten und an ein Smart Home anbinden.

Wenn Küche, Fenster und Türen vorbestellt werden sollen, ist mit folgenden Lieferzeiten zu rechnen:

- ◆ Küche: 8 bis 10 Wochen
- ◆ Fenster: 3 bis 6 Wochen
- ◆ Türen: 3 bis 6 Wochen

Mit den persönlichen Anforderungen steigen die Lieferzeiten. Diesbezüglich erhalten Sie von Herstellern und Fachhändlern allerdings alle benötigten Informationen, sodass Sie akkurat planen können. Die ersten Gewerke, bei denen Sie sich bei einer Aufwertung der Immobilie erkundigen sollten, sind also aufgrund der Lieferzeit Einrichtungsläden und Küchenfachhändler sowie – für Fenster und Türen – der „Nicht-technische Ausbau", „Fensterbauer" und „Türbauer".

Entrümpelung / Räumung

Die Entrümpelung kann parallel zu Schritt 1 erfolgen oder danach. Bei einer Entrümpelung werden unerwünschte Gegenstände wie alte Möbel, Dekorationen, Müll usw. aus der Immobilie entfernt. Sie können die Entrümpelung selbst durchführen. Eventuell haben Sie die Zeit oder Geduld dafür, brauchbare Gegenstände auf dem Flohmarkt selbst zu verkaufen und nehmen dadurch Geld ein. In größerem Rahmen hält sich aber kein An- und Verkäufer mit einer eigens durchgeführten Entrümpelung auf, sondern beauftragt spezialisierte Unternehmen. Hier stehen u. a. **Entrümpelungsunternehmen** und **Gebäudereinigungsunternehmen** zur Debatte.

Hinweis!

Lesen Sie sich aufmerksam die Referenzen der Entrümpelungsunternehmen durch und versuchen Sie, sich einen Eindruck von der Arbeit des Unternehmens zu verschaffen. Ein professionelles Unternehmen ist nicht spottgünstig, sondern hat marktgerechte Preise, um die Entsorgung des Mülls zu finanzieren und Profit zu machen. Auch wenn unterbezahlte Dienstleister für Investoren verlockend klingen, ist bei der Entrümpelung sehr vorsichtig vorzugehen. Die meisten günstigen Anbieter versuchen, die Sachen auf dem Flohmarkt zu verkaufen. Die Dinge, bei denen dies nicht gelingt, werden illegal in Wäldern oder auf Feldern entsorgt. Werden sie gefunden und richtig zugeordnet, so drohen Ihnen Geldstrafen. Bei der Entrümpelung gilt also ausnahmsweise: Lieber etwas mehr als zu wenig zahlen. Dadurch ist das nötige Grundmaß an Sicherheit vorhanden.

Wenn Sie eine professionelle Gebäudereinigung beauftragen, profitieren Sie gegenüber einem bloßen Entrümpelungsunternehmen dahingehend, dass das Unternehmen nicht nur auf die Entrümpelung an sich beschränkt ist, sondern auch eine Reinigung vornimmt, falls diese notwendig ist. **Reinigungen** fallen des Öfteren bei **stark zugemüllten und vernachlässigten Immobilien** an, wofür Messie-Wohnungen sinnbildlich als Beispiel stehen. Bei solchen Immobilien sind folgende Arbeitsschritte ergänzend zur Entrümpelung notwendig:

- Ozonbehandlung
- Desinfektion nach Desinfektionsgesetz
- Schädlingsbekämpfung
- Schimmelbeseitigung

Von einer selbst durchgeführten Desinfektion ist abzuraten. Nicht jedes Desinfektionsmittel ist für den jeweiligen Raum geeignet. Einige sind brennbar, andere in Bezug auf bestimmte Materialien unverträglich. Zudem kann eine selbst durchgeführte Desinfektion nie mit der Gründlichkeit einer professionellen Desinfektion mithalten. Die Gebäudereinigung nutzt ein fachgerechtes flüssiges Desinfektionsmittel, das mittels Vernebelung in den Raum gebracht wird. Der genutzte Nebelgenerator erzeugt dabei kleine Tröpfchen, die Aerosole genannt werden, und verteilt diese durch die Luft im gesamten Raum. Diese Vorgehensweise trägt dazu bei, dass sogar in den Ecken gereinigt wird, zu denen Sie bei einer Wischdesinfektion nicht durchdringen würden.

Asbestsanierung

Eine Asbestsanierung hat die Besonderheit, dass sie im Gegensatz zu anderen Sanierungsmethoden **eine Woche Vorlaufzeit** braucht. Die Sanierung an sich dauert zwar nur einige wenige Tage, aber die Unternehmen benötigen Vorbereitungszeit, die sich je nach Individualfall über die Dauer einer Woche erstreckt. Grund hierfür ist, dass die Unternehmen mit speziellen Materialien und spezieller Ausrüstung zugange sind:

- ◆ Atemschutzmasken
- ◆ Schutzanzüge
- ◆ Unterdruckgeräte
- ◆ Schleusenanlagen
- ◆ Vakuumsauganlagen
- ◆ Filteranlagen
- ◆ u. v. m.

Eine Asbestsanierung ist hochkompliziert in der Durchführung und erfordert eine genaue Praxis. **Mehrere spezielle Abfallcontainer** dienen der Entsorgung der Asbestprodukte sowie der Arbeitermaterialien, die im Verlaufe der Sanierung kontaminieren. Bei der Durchführung der Sanierung muss den **Arbeitern eine Dusche zur Verfügung stehen**. Die Arbeiten müssen rechtzeitig beim Gewerbeaufsichtsamt und der

Berufsgenossenschaft angemeldet werden. Nach der ein- oder mehrtägigen Durchführung der Arbeiten finden Erfolgskontrollmessungen statt. Sind diese fertig, so wird eine mindestens 12-stündige Ruhe in den Arbeitsbereichen angeordnet. Daraufhin kommt eine Feinreinigung, auf die eine letzte Erfolgskontrollmessung folgt. Angesichts dieses gesamten Prozesses leuchtet ein, dass die Asbestsanierung ausschließlich durch Fachleute durchgeführt wird. Entsprechende hohe Preise sind in Kauf zu nehmen und einzukalkulieren (siehe 2.2 Errechnung der Investitionskosten). Eine eigens durchgeführte Asbestsanierung ist akut gesundheitsschädlich und krebserregend. Zudem wird die Umwelt geschädigt und es kann sogar strafbar sein.

Eine Asbestsanierung ist dann **nicht erforderlich, wenn das Asbest gebunden** ist, wie es z. B. beim Dach oder im Zement der Fall ist. Auch Asbest in den Wänden, sofern fest gebunden, ist nicht gesundheitsschädlich, wenn auch kritischer als in dem Dach. Es wird in Dringlichkeitsstufen unterteilt. Die **Dringlichkeitsstufe I** ist die einzige, bei der eine **Asbestsanierung verpflichtend** ist. Empfehlung: Schließen Sie bei einer Sanierung der Dringlichkeitsstufe I auch die Asbestprodukte der anderen Dringlichkeitsstufen ein, um auf Nummer sicher zu gehen.

Problematisch ist meist die Asbestsanierung im Boden, wo das Asbest im Kleber unter PVC-Platten verwendet wurde; hier ist es deutlich schwarz erkennbar. Die Asbestsanierung ist bei den meisten betroffenen Immobilien notwendig, weil hier das Asbest nicht ausreichend gebunden ist, sodass mit Dringlichkeitsstufe I saniert werden muss. Da der Boden, weil er von sämtlichen Gewerken begangen wird, vor den anderen Arbeiten fertig sein muss, findet diese Asbestsanierung als eine der ersten Maßnahmen statt. Wenn sämtliche PVC-Platten, Kleberrückstände und anderen Dinge vom Boden entfernt wurden und der Boden glatt abgeschliffen wurde, ist die Asbestsanierung abgeschlossen und es kann neuer Boden verlegt werden.

Grundrissänderungen

Nach der Asbestsanierung und der damit verbundenen anschließenden Ruhezeit können Arbeiten am Grundriss durchgeführt werden.

Hierfür werden **Wände herausgeschlagen oder hinzugefügt**. Weil die nachfolgenden Gewerke – Elektro, Sanitär, Trockenbau etc. – fertige Wände für ihre Arbeit benötigen, müssen Grundrissänderungen an dieser Stelle erfolgen und sich somit in die strikte Hierarchie einer Sanierung einreihen.

Grundrissänderungen sind nur bei älteren Gebäuden notwendig. Bei neueren Gebäuden werden sie lediglich dann erforderlich, wenn die Immobilie erweitert werden soll. Dann muss eine Baugenehmigung beantragt werden und es handelt sich um nicht mehr um eine Grundrissänderung, sondern eine Erweiterung bzw. einen Ausbau (siehe Unterkapitel 2.4). Bei älteren Gebäuden ist der **Beweggrund** zu einer Grundrissänderung häufig der **veraltete Standard, kleine und enge Räumlichkeiten** zu bauen. Dies entspricht den heutigen Vorstellungen an große, lichtdurchflutete Zimmer nicht. Also werden bei Grundrissänderungen meist Maßnahmen durchgeführt, die zwei kleinere Zimmer zu einem größeren verbinden, oder es wird aus Wohnzimmer und Küche eine Wohnküche kreiert.

Tipp!

Die Wohnküche ist heutzutage im Trend. Entsprechende Immobilien stoßen auf viel Zuspruch vonseiten der Interessenten. Hier lohnt es sich auch, eine Küche mit Mittelinsel vorzubestellen. Es wirkt bei Besichtigungen imposant, wenn Personen in eine Wohnküche geleitet werden, die eine große Mittelinsel und Komfort beim Kochen bietet. Bei Wohnungen ist es weniger gefragt, aber bei Lofts, Penthouses und Häusern für gut betuchte Klientel ist die Grundrissänderung hin zu einer Wohnküche nur empfehlenswert. Ebenfalls trendy sind Änderungen des Wohnraums von einem größeren Schlafzimmer und kleinerem Bad hin zu einem kleineren Schlafzimmer und größeren Bad.

Ehe Grundrisse geändert werden, ist zu klären, ob dies gestattet ist. Ältere Gebäude, die unter **Denkmalschutz** stehen, **dürfen im Grundriss nur bei Genehmigung, die es meist nicht gibt, geändert**

werden. Vor dem Rausschlagen einzelner Wände müssen Sie zudem die **Statik des Gebäudes** klären. Bei mehrgeschossigen Gebäuden ist davon auszugehen, dass Wände, die geschossweise übereinander liegen, tragend sind. Sie leiten die Kräfte nach unten ab. Befinden sich in jedem Geschoss einzelne Wände an anderer Stelle, ist bei den betroffenen Wänden von einer nicht tragenden Wand auszugehen. Bei eingeschossigen Gebäuden ist die Bestimmung der tragenden und nicht tragenden Wände schwieriger. Ab einer **Wandstärke von 17,5 Zentimetern** dürfen Sie davon ausgehen, dass eine **tragende Wand** vorliegt. Andere stützende Konstruktionen, wie z. B. Holzbalken und Säulen zur Decke hin, sind ebenfalls zu berücksichtigen. Die Entscheidung über die Entfernung einer Wand sollte stets ein Experte treffen. Dieser kann auch Lösungen vorschlagen, wie tragende Wände entfernt werden können, ohne dass es im Nachhinein zu Beeinträchtigungen der Statik kommt. Als Experten stehen **Statiker** und **Architekten** zur Verfügung.

Eine Grundrissänderung ist gründlich zu planen. Eine Zeichnung des neuen Grundrisses und der alte Grundriss sind **bereits vor der gesamten Sanierung den Experten vorzulegen.** So wird geprüft, ob die geplanten Fenster, Türen sowie die Küche passen und das OK für eine Vorbestellung gegeben. Die Grundrissänderung an sich erfolgt aber erst an vierter Stelle nach einer eventuellen Asbestsanierung.

Elektroinstallation

Der Elektroinstallateur als Gewerk benötigt den fertigen Grundriss samt Wänden, um **in den offenen Wänden die Leitungen zu verlegen.** Wurde an dem Grundriss nichts geändert und sind die Wände auch sonst unangetastet geblieben, dann reißt spätestens der Elektriker die Wände an den erforderlichen Stellen auf. Er übernimmt eine komplette Entkernung und Umgestaltung, bei der die neuen Anschlüsse angebracht werden. Besondere Acht gibt der Elektriker auf die Eigenschaften von Badezimmer und Küche. Speziell im Badezimmer liegen Elektrizität und Wasser nah beieinander. Das **Regelwerk DIN VDE 0100-701** gibt vor, **wo im Badezimmer Anschlüsse verlegt sein dürfen.** Der Elektriker berücksichtigt dies.

Beispiel

Es gab bereits reichlich Fälle, in denen die Leitungen im Badezimmer selbstgemacht oder nicht von professionellen Elektrikern verlegt waren. Dann befanden sich plötzlich die Leitungen unter der Badewanne oder der Dusche, was der absolute Worst-Case ist und im Laufe der Jahre lebensgefährlich werden kann.

In den **Aufgabenbereich des Elektrikers** fällt, das Stromnetz zu legen, die Schalter und Kabelschlitze zu platzieren, den Sicherungskasten zu montieren und eventuell moderne Anwendungen zu installieren. Wer das **Zuhause smart** gestalten möchte, sollte spätestens an dieser Stelle zum Elektriker einen **IT-Dienstleister hinzuziehen**, der Smart Homes einrichtet. Sie haben die Wahl, auch ohne einen Elektriker und ohne Kernsanierung ein Smart Home einzurichten. Dies ist günstiger, aber weniger umfassend. Durch **kabelgebundene KNX-Lösungen im Zuge einer Kernsanierung** schaffen Sie ein Smart Home, das wesentlich mehr Funktionen bietet als ein modulares Smart Home. Um es mit den Worten des Anbieters KNX zu sagen:

„Beispiele hierfür sind die automatische Steuerung von komplexen Lichtszenen, Anwesenheitssimulation, Heizung, Klimaanlage, Lüftung, Rollladen und Jalousien, Markisen, Beschattung, wetterbedingten Ereignissen, Gartenbewässerung, Pool, Multiroom Audio, als auch die Überwachung von Fenster, Türen und Toren, Rauch- und Brandmeldung, sowie die Integration von Türkommunikation und Videoüberwachung bis hin zur komplexen Alarmanlage mit Aufschaltung zur Polizei und Wachdienst."

Ein Altbau als Smart Home ist also auch im Rahmen der Möglichkeiten. Zeitgleich mit dem Elektriker oder nach dessen Arbeit rücken die IT-Arbeiter an und programmieren das Smart Home, das für die Immobilie wertsteigernd wirkt und vor allem die jüngeren Generationen überzeugt.

Anlagenmechaniker für Sanitär-, Heizungs- und Klimatechnik

Dieses Gewerke gibt es auch getrennt; damit ist gemeint, dass sich Personen auf Sanitärinstallation spezialisieren und die anderen beiden Dienstleistungen, nämlich die Heizungs- und Klimatechnik, nicht durchführen. Kostensenkend wirkt es sich aus, wenn man einen **Anlagenmechaniker für sämtliche drei Bereiche** ausfindig macht. Folgende Arbeiten werden von einem Anlagenmechaniker für alle drei Fachbereiche übernommen:

♦ Installation von Wasser- und Luftversorgungssystemen

♦ Einbau und Anschluss von Waschbecken, Duschkabinen, Toiletten

♦ Installation von Anlagen zur Regen- und Brauchwassernutzung

♦ Montage von Heizungssystemen

♦ Aufstellen und Inbetriebnahme von Heizkesseln

♦ Einbau und Montage energieeffizienter und umweltschonender Systeme wie Solaranlagen, Wärmepumpen und Holzpelletsanlagen

♦ Installation von Gebäudemanagementsystemen oder Smart-Home-Systemen

♦ Einrichtung der benötigten Software

♦ Kundenberatung- und Einweisung

♦ Prüfung und Inbetriebnahme sämtlicher Anlagen und Systeme

Quelle: karrieresprung.de

Bei den anfallenden Arbeiten sind die **Umweltschutzbestimmungen** einzuhalten. Der Sanitätsinstallateur gewährleistet die Ableitung von Schmutz- und Regenabwasser gemäß den Vorschriften.

Gleichwohl sei darauf hingewiesen, dass nicht jeder Anlagenmechaniker über das komplette Leistungsportfolio verfügt. Speziell der

Einbau energieeffizienter und umweltschonender Systeme ist bei den Dienstleistern keine Selbstverständlichkeit. Einige haben vor 30 Jahren ihre Ausbildung gemacht oder ihr Gewerbe eröffnet und sind nicht mit der Zeit gegangen. Unter dem Blickwinkel, Fördermittel (siehe 2.3) beantragen und die Immobilie innovativ rüsten zu können – was definitiv die beste Investition ist –, erweist es sich am klügsten, von vornherein einen **Dienstleister** zur Zusammenarbeit zu suchen, der **innovativ aufgestellt** ist und ein **möglichst breites Leistungsportfolio** hat. So bauen Sie sich eine **für die Zukunft beständige Geschäftsbeziehung** auf. Dies ist weitaus besser als Rabatte bei einem Anlagenmechaniker, der seine Arbeit nicht auf der Höhe der Zeit verrichtet, woraufhin Sie bei einer anderen Immobilie einen neuen Mechaniker suchen müssen, der den Anforderungen der Arbeit gerecht wird.

Einbau von Zargen, Türen und Fenstern

Nach dem Trockenbau, bei dem die Versorgungsschächte fertiggestellt und die Arbeiten in den Wänden beendet werden, lassen Sie die **Zargen von Türen und Fenstern montieren**. Den Trockenbau beherrschen viele Gewerke, so z. B. die Elektriker und die Anlagenmechaniker. Hier gilt es zu ergründen, ob der jeweilige Dienstleister diese Aufgabe mit übernimmt. Ansonsten muss ein separater Trockenbauer engagiert werden, der die Wände, Decken und Fußböden mit Bauplatten verkleidet oder verdichtet. Elemente aus Holz, Gips, Metall oder anderen festen Materialien werden an die Wände geschraubt. Auf diesen Bauplatten lassen sich Fliesen, Laminate oder Tapeten verlegen. Der Trockenbauer **verputzt die Wände im Zuge seiner Arbeiten und begradigt sie.**

Nach dieser Arbeit werden die Zargen eingebaut, die der feste Teil der Fenster und Türen sind. Am einfachsten ist es, wenn das Unternehmen, bei dem Sie Fenster und Türen bestellt haben, die Montage übernimmt. Falls dies nicht möglich ist oder Sie durch eigene Arbeit sparen möchten, können Sie die Zargen selbst montieren.

Hinweis!

Die Größen für Tür- und Wandöffnungen sind heutzutage genormt. Wenn Sie bei einer bestehenden Immobilie die Türen oder Fenster austauschen möchten, besteht die Chance, dass Sie keine Spezialanfertigungen benötigen, sondern im Handel erhältliche genormte Türen und Fenster einbauen können. Falls die Öffnungen keine Normgrößen haben, müssen Sie Spezialanfertigungen bestellen. Im Umkehrschluss bedeutet dies für Sie, dass Sie bei einer kompletten Neugestaltung der Wände die Öffnungen immer in Normgrößen bauen sollten, wenn Sie keine Spezialanfertigungen bestellen wollen. Quintessenz: *In Normgrößen bauen* oder *Immobilie mit Normgrößen kaufen*, erspart die Kosten für Spezialanfertigungen.

Sollte die **Öffnung** zu groß sein, können Sie diese **mittels Porenbetonstreifen verkleinern**. Ein Erweitern der Öffnung erfordert Veränderungen an der Wand. Diese sollten, falls Sie notwendig sind, bereits durch den Fachmann vom Trockenbau durchgeführt worden sein. Anleitungen zur Eigenmontage finden Sie im Internet; besser ist die Recherche in Fachbüchern, die es im Internet zu kaufen gibt. Die Montage der Fenster und Türen in den Zargen ist selbsterklärend, weil sie meist nur eingehängt oder angeschraubt werden müssen.

Tapezieren, Anstreichen, Boden begradigen

Nachdem die Fenster montiert, die Wände, Decken sowie Böden geschliffen sind und allgemein alles glatt und sauber ist, können die **kosmetischen Arbeiten** beginnen, die das **Gebäude bezugsfertig machen**. Hierzu gehört an Wänden und Decken meist das Tapezieren. Klassische Auswahl ist eine neutrale weiße Raufasertapete. Raufaser ist robust und leicht zu tapezieren. Mit etwas Vorkenntnissen gelingt Ihnen dies problemlos. Vliestapeten sind empfindlicher, auch wenn sie hochwertiger aussehen. Sollten Sie mit dem Gedanken spielen, die Immobilie komplett einzurichten und sie eingerichtet zu verkaufen, so spricht nichts gegen Tapeten mit Mustern und in verschiedenen Farben.

Tipp!

Sie können von der Tapete abweichen und die Wände mit Baumwollputz als Alternative zur Tapete streichen. Baumwollputz ist ein Material, das höchst atmungsaktiv und resistent ist. Flecken lassen sich einfach wegwischen, Entstehung von Schimmel wird vorgebeugt, umweltfreundlich ist es zudem auch. Informieren Sie sich über die einzelnen Materialien, die es als Alternative zur Tapete gibt, und bringen Sie Abwechslung in die Wand- sowie Deckengestaltung der Immobilie.

Falls Sie die Immobilie ohne Einrichtung zu verkaufen gedenken, ist eine neutrale weiße Raufasertapete die beste Wahl. So geben Sie den Interessenten den gewünschten Freiraum in der Gestaltung der Räumlichkeiten. Schränken Sie die Interessenten hingegen durch die Tapetenfarbe auf ein Design ein, dann dürfen Sie mit einem erschwerten Verkauf der Immobilie rechnen.

Was definitiv verlegt werden muss, ist der Boden. In Altbauten sind vor allem in Bädern fragwürdige Fliesengestaltungen anzutreffen. Die dunkelgrünen Designs mit Blumenmustern oder ähnliche Gestaltungen sind kein Verkaufsargument. Notfalls müssen diese Fliesen entfernt und sämtliche Kleberrückstände beseitigt werden. Dies sollte als allererstes nach dem Ankauf der Immobilie geschehen, um eventuell bislang unentdeckte Asbestprodukte zu finden und eine Asbestsanierung frühzeitig in die Wege zu leiten.

Sofern im Anschluss an eine möglicherweise erforderliche Asbestsanierung noch nicht geschehen, muss der **Boden begradigt** werden. Vor allem bei Parkettboden ist es wichtig, damit er durch die Höhenunterschiede und Druckpunkte beim Begehen nicht zusammenbricht. Bei der Begradigung wird der **Boden geschliffen und meistens mit Estrich bestrichen**. Anschließend wird er grundiert, ehe der gewünschte Bodenbelag verlegt wird.

Als Bodenbeläge kommen folgende in Frage:

- Fliesen
- Holz
- Laminat
- Teppich
- PVC, Vinyl und Linoleum

Bei **Fliesen** ist zu beachten, dass die Kosten durch Nischen und komplizierte Grundrisse beträchtlich ansteigen. In Räumlichkeiten mit einem komplizierten Grundriss ist von Fliesen abzuraten, obgleich in Bädern und Küchen kaum Alternativen für den Bodenbelag gegeben sind. Wenn Sie die Möglichkeit haben, sollten Sie den Grundriss so ändern, dass Bodenbeläge möglichst einfach und geradlinig angebracht werden können. Dies senkt die Kosten. Bei Fliesen ist auf ein **zeitloses elegantes Design** Wert zu legen. Als Alternative zum standardisierten Weiß bieten sich die Farben Grau und Dunkelblau im Badezimmer an.

Regelrecht interessant wird es bei Bodenbelägen aus **Holz.** Bodenbeläge aus Holz können bis zu 150 Jahre lang in einem guten Zustand verbleiben. Abgenutzte Böden lassen sich unter Umständen **durch Abschleifen und Versiegeln erneuern**, sodass ein kostspieliges erneutes Verlegen zzgl. Materialkosten erspart bleibt. Ob der Boden hochwertig ist oder nicht, ist für Anfänger schwierig zu erkennen. Ein erster Anhaltspunkt ist die Frage nach der Dicke. Holzdielen, die dick aussehen, sind meist hochwertig. Sollte beim Begehen der Boden jedoch Quietschen oder Knarzen, dann ist von Beschädigungen auszugehen.

Beispiel

Es gab Fälle, bei denen während der Besichtigung der Boden knarzte. Der Käufer ignorierte dies. Wenige Wochen nach dem Kauf begann der Boden im Zuge der Renovierungsarbeiten an einigen Stellen, sich zu senken. Die Dielen wurden herausgerissen und es wurde festgestellt, dass darunter zur Dämmung Watte verwendet worden war. Zudem war das Haus von den Seiten nicht ausreichend abgedichtet, sodass von außen Feuchtigkeit ins Gebäudeinnere dringen konnte. Die Watte unter dem Dielenboden saugte die Feuchtigkeit auf, worunter die Struktur des Holzes litt. Mit der Zeit wurde das Holz porös, bis es schließlich unter der Last nachgab. Es begann mit einem einfachen Knarzen und endete in mehreren Mängeln: Das Haus musste von außen abgedichtet werden, damit das Fundament gegen das Eindringen von Feuchtigkeit geschützt war. Der Unterboden war glücklicherweise noch unbeschädigt und gerade. Es musste lediglich ein neuer Oberboden verlegt werden.

Der Einsatz von Holz als Bodenbelag ist mit weitaus geringeren Kosten als bei Fliesen verbunden. Auch die Langlebigkeit des Bodenbelags fällt höher aus. Nichtsdestotrotz ist der Einsatz von Holz nicht überall gern gesehen. Während es in Küche und Bad aufgrund der Eigenschaften dieser Räumlichkeiten nicht empfehlenswert ist, hängt der Einsatz in anderen Räumlichkeiten von der Immobilie an sich ab. Parkett in heller Farbe ist bei lichtdurchfluteten Großstadtwohnungen kein Problem. Dunkles Holz und ein robuster Dielenboden erzeugen aber eine Wirkung, die eher in Landhäusern gewünscht ist.

Laminat ist einer der **günstigsten Bodenbeläge**. Es ist dann eine ideale Lösung, wenn Sie eine komplett sanierungsbedürftige Immobilie erwerben, die Sie möglichst schnell und kostengünstig in einen bezugsfertigen Zustand versetzen möchten. Bei Landhäusern, modernen Wohnungen und großen Immobilien wie Villen oder Landsitzen ist Laminat kein angemessener Bodenbelag. Er ist in einer Vielfalt an Designs erhältlich und pflegeleicht, aber eine Renovierung ist bei größeren Schäden nicht möglich. Außerdem wird **keine Wärme gespeichert** und die **Empfindlichkeit gegenüber Feuchtigkeit ist groß**.

Wie schon im ersten Kapitel gelernt, ist beim Kauf einer Immobilie der **verlegte Teppich immer zu entfernen**. Unabhängig davon, ob seit wenigen Jahren oder seit mehreren Jahrzehnten in der Immobilie, ist dies aus hygienischen Gründen unumgänglich. Darüber hinaus wurden in den früheren Jahrzehnten Giftstoffe in Teppich-

und Parkettklebern verwendet, womit wir wieder beim Thema Asbest wären. Grundsätzlich ist von einem neuerlichen Verlegen eines Teppichs abzusehen. Das Material kommt heute kaum noch zum Einsatz. Es ist **nicht zeitgemäß und höchst pflegebedürftig.** Zudem reagieren einige Personen allergisch auf die Stoffe. Wenn Sie einen Bodenbelag günstig verlegen möchten, entscheiden Sie sich lieber für das Laminat.

PVC und Vinyl als Bodenbeläge sind in heutigen Zeiten unbedenklich, aber in früheren Jahrzehnten oft mit gesundheitsschädlichen Inhaltsstoffen produziert und verlegt worden. Es ist wahrscheinlich, dass Platten, die PVC oder Vinyl ähneln, in Altbauten Asbest enthalten. Die **Probe** muss **von einem Fachmann entnommen** werden und kostet Geld. Alle weiteren wichtigen Hinweise wurden im Abschnitt über Asbest geschildert. **Heute** erhältliches PVC und Vinyl sind **pflegeleicht, rutschfest, in einer enormen Design-Vielfalt erhältlich und leicht zu verlegen.** Für Linoleum gilt ähnliches, nur dass diese Böden schwieriger zu verlegen sind. Dafür sind **Linoleum-Böden** in Puncto **Nachhaltigkeit** und **Umweltfreundlichkeit** kaum zu überbieten. Sie sind auch kombinierbar mit Fußbodenheizungen, zudem flammenhemmend und pilztötend. Optisch ähneln sich PVC, Vinyl und Linoleum. Die Preise fürs Verlegen und für das Material an sich fallen beim Linoleum wesentlich höher aus.

Einbau & Staging

Nach dem Bodenbelag und der Aufbereitung von Decken sowie Wänden, kommt der optionale Schritt des Einbaus und Stagings. Unter Einbau ist beispielsweise die Montage der Küche und der Wohnbeleuchtung zu verstehen. **Kleine Möbel und Einrichtungsgegenstände** werden als **Einbau** bezeichnet. Sollten Sie die gesamte **Immobilie voll einrichten,** so ist nicht mehr die Rede vom Einbau, sondern vom **Staging.**

Beim Staging werden Immobilien durch die Inneneinrichtung so aufgewertet, dass Interessenten ein höherer Wert vermittelt wird. **Maßnahmen,** die bei der Einrichtung **im Rahmen des Stagings wichtig** sind, sind die folgenden:

- Kauf von Möbeln
- gezielter Einsatz von Farbe und Beleuchtung
- Akzentuierung durch Dekorationselemente
- Wand- und Fußbodengestaltung

In den USA und in Skandinavien ist das Home-Staging unter Investoren weit verbreitet. Umfragen haben ergeben, dass es das Potenzial hat, die Verkaufszeit um bis zu ein Drittel zu verkürzen und den Verkaufspreis um 10 bis 15 % zu erhöhen. Ausschlaggebend für diese Umfrage ist, dass es sich um einen Verkauf der Immobilie an Interessenten zur Nutzung und nicht einen Verkauf an Investoren handelt. Der Effekt lässt sich so erklären, dass **Privatpersonen mit Emotionen kaufen**. Bei der Besichtigung einer kahlen Immobilie ohne Einrichtung kommen die Emotionen nicht so zur Entfaltung, wie sie es könnten. Das Potenzial der Immobilie bleibt verborgen. Anders verhält es sich bei dem Kauf einer **eingerichteten Immobilie**, die ein vollendetes Werk ist und die Interessenten bereits wie ein neues Zuhause empfängt.

Tipp!

Auch ohne ein durchgeführtes Staging sollte zumindest eine Beleuchtung bei der Besichtigung sichergestellt sein. Bei einer angemessenen Beleuchtung können die Interessenten einen besseren Blick auf die Qualität der verwendeten Materialien werfen und fühlen sich besser aufgeklärt. Denn bei einer Besichtigung ohne günstige Beleuchtungsmaßnahmen ist der Gedanke naheliegend, dass Mängel vertuscht werden sollen. Die Beleuchtung für Besichtigungen kann durch E24-Mehrfachadapter oder Baustellenlampen umgesetzt werden.

Das Home-Staging sollten Sie nur in zwei Situationen einsetzen: Erstens, wenn Sie die Immobilie günstig renovieren und das Budget für einen Experten zur Verfügung haben, ohne den Profit beim Verkauf des Hauses zu gefährden. Zweitens, falls Sie sich selbst das Staging zutrauen, weil Sie sich für Design interessieren und imstande sind, individuelle, ansprechende Gestaltungen umzusetzen. Es ist nicht ausreichend, einen IKEA-Katalog zu kopieren. Dies fällt den Interessenten spätestens im Unterbewusstsein auf und lässt den Besonderheitswert vermissen.

Lassen Sie das Home-Staging komplett von Experten durchführen, dann richten sich die Kosten in der Regel nach dem Verkaufspreis der Immobilie und betragen rund 3 Prozent. Hinzu kommt, dass Sie die Kosten für das verwendete Material und gekaufte Mobiliar zu tragen haben. Bei einer Durchführung durch Experten sind die Exposee-Fotos im Preis inbegriffen, was bedeutet, dass Sie für die Vermarktung der Immobilie professionelle Bilder erhalten.

Abschließende Tipps

Setzen wir direkt bei den **Exposee-Fotos** an, die wir im letzten Abschnitt zum Abschluss erwähnt hatten: Sofern nicht bereits durch eines der Gewerke angefertigt, müssen Sie diese selbst machen. Hierbei ist auf einen **stimmigen Einsatz von Beleuchtung und Kamera-Effekten** zu achten. Falls Sie im Umgang mit der Kamera und deren Funktionen nicht versiert sind, suchen Sie in Ihrem Bekanntenkreis nach einer Person, die Ihnen das kleine 1x1 des Fotografierens beibringt. Ins Exposee kommen immer nur die Fotos, die das **Verkaufspotenzial der Immobilie fördern**. Beachten Sie, dass Sie die Fotos behalten sollten. Legen Sie Ordner für jedes Projekt an, weil Sie diese später als Inspiration oder Referenz gegenüber Kunden gebrauchen könnten. Bei einer zwischenzeitlichen Vermietung der Immobilie vor deren Verkauf können Sie die Fotos wiederverwenden, sobald Sie nach neuen Mietern suchen oder die Immobilie schließlich verkaufen.

Tipp!

Arbeiten Sie bei der Investition in Immobilien mit einer Bank zusammen? Zeigen Sie auch der Bank die Fotos, um zu belegen, welche Arbeiten Sie an der Immobilie durchgeführt haben. Die Bank rechnet Ihnen die wertsteigernden Maßnahmen unter Umständen positiv an, was nicht die Zinsen oder die Tilgung für die aktuelle Finanzierung senkt, sich aber günstig auf Ihr Ansehen bei der Bank auswirkt.

Weitere Tipps für die Sanierungs-, Renovierungs- und Modernisierungsmaßnahmen sind:

♦ Während der Handwerker-Arbeiten Fotos machen, um die Arbeiten zu dokumentieren und Reklamationen einfacher durchzusetzen

♦ Sich von Handwerkern vertraglich eine Gewährleistungszeit zusichern lassen; niemals beim An- und Verkauf von Immobilien einzelne Gewerke in Schwarzarbeit beschäftigen!

♦ Vor der Durchführung alle Möglichkeiten auf Förderungen ausloten

♦ Buch über die verwendeten Materialien und die durchgeführten Arbeiten führen, weil es für Interessenten ihre Transparenz als Verkäufer steigert

Errechnen der Investitionskosten

Die Investitionskosten setzen sich aus Abriss-, Entsorgungs-, Material- und Arbeitskosten zusammen. Abriss- und Entsorgungskosten fallen dann an, wenn Sie bei einer bestehenden Immobilie Bodenbeläge, Tapeten, Einrichtungsgegenstände oder anderes Material entfernen. Weil Sie in der Regel mit Bestandsimmobilien handeln werden, die einer Aufwertung bedürfen, bleiben Ihnen die Kosten für Abriss und Entsorgung nicht erspart. Sie fallen nur dann nicht an, wenn für die jeweilige Arbeit kein Abriss notwendig ist; z. B. sofern der Boden bereits beim Kauf ohne Belag ist und direkt neuer Belag verlegt werden kann. Material- und Arbeitskosten hingegen fallen immer an, weil Sie im Zuge der Immobilienaufwertung Maßnahmen durchführen müssen, die den Einsatz von Materialien erfordern. Wir haben also vier Kostenfaktoren, die sich im Rahmen von Renovierung, Sanierung, Modernisierung und Ausbau der Immobilie ergeben:

♦ Abriss

♦ Entsorgung

♦ Materialkosten

♦ Arbeitskosten

Im Folgenden wird Ihnen jeder dieser Kostenfaktoren vorgestellt, sodass Sie anschließend die Kenntnis haben, wie Sie die Arbeiten anleiten, Dienstleister finden und die Kosten kalkulieren. **Bedenken Sie bei alledem**, dass **a)** die Marktpreise für Handwerksarbeiten von Bundesland zu Bundesland verschieden ausfallen, **b)** die Lage der Immobilie Einfluss auf Anfahrtswege und Transport von Materialien und dadurch auf den endgültigen Preis hat, **c)** individuelle Eigenschaften der Räumlichkeiten die Kosten anzuheben vermögen und **d)** persönliche Kontakte Gold wert sind. Wenn Sie unter Ihren persönlichen Kontakten Gewerke haben, die Ihnen bei der Immobilie helfen können, sind Sonderkonditionen bei einer guten Beziehung nicht unwahrscheinlich. Noch besser wird es für Sie bei einer regelmäßigen Beauftragung der Gewerke: Sind Sie imstande, aufgrund von Arbeiten an mehreren Immobilien oder einer großen Immobilie einen Handwerker oder ein Handwerksunternehmen langfristig zu beschäftigen, so ist **aufgrund des Auftragsvolumens ein Preisnachlass selbstverständlich**. Falls Ihnen bei einem hohen Auftragsvolumen ein Unternehmen keinen Preisnachlass gewährt, ist es für Ihre Zwecke nicht das richtige Unternehmen.

In unseren folgenden Ausführungen gehen wir für die Preisermittlung davon aus, dass Ihre Immobilie zentral bzw. in einem Stadtteil liegt, in dem die Gewerke kurze Anfahrtswege haben, und Sie zwischen mehreren Unternehmen die Preise vergleichen und auswählen können.

Abriss und Entsorgung

Gehen wir in derselben Reihenfolge wie auch bei der Sanierung, Renovierung und Modernisierung (siehe 2.1) vor, indem wir die Kosten für eine Entrümpelung bzw. Räumung der Immobilie betrachten. Während Fenster und Türen bestellt werden, wird die **Räumung** in Auftrag gegeben. Diese schlägt **bei Gebäuden mit 150 Quadratmetern mit 3.000 bis 5.000 €** zubuche. Bei kleinerer Wohnfläche ist anteilig herunterzurechnen mit 20 bis 35 € pro Quadratmeter. Dementsprechend würde ein Gebäude mit 100 Quadratmetern 2.000 bis 3.500 € kosten. Dabei ist **ausschlaggebend, wie viel der Fläche belegt ist**. Sind einige Zimmer auffällig leer oder auffällig voll, senkt bzw. erhöht dies den genannten Pauschalpreis. Je höher das Stockwerk, in dem die Wohnung gelegen ist, umso höher wird der Pauschalpreis angesetzt. Dementsprechend ist die Entrümpelung eines Dachbodens kostspieliger. Die **Entsorgung der Einrichtung ist in dem Preis einkalkuliert**.

Nehmen wir an, dass nach der Entrümpelung festgestellt wird, dass eine **Asbestsanierung** des Bodens erfolgen muss. **Für die Entfernung sind Kosten von 30 bis 50 € pro Quadratmeter marktüblich**. Hinzu kommen pauschale Aufpreise, die das Unternehmen für Anfahrtswege berechnet. Des Weiteren müssen beim Abriss Materialien zur Verfügung gestellt werden. Hierzu gehören u. a. spezielle Säcke zur Verpackung des abgerissenen Asbests, für die bis zu 15 € pro Stück zu rechnen ist. Sollte eine Asbestsanierung nicht im Boden, sondern am **Dach** erfolgen, liegen die **durchschnittlichen Quadratmeterpreise bei um die 25 €**. Die Gerüstmiete steigert den Preis. Zudem muss die Noteindeckung des Daches finanziert werden. Die **Entsorgung des Asbests kostet bis zu 300 € pro Tonne**. Bei Dächern sorgen die schwergewichtigen Asbestplatten dafür, dass die Gebühren meist hoch ausfallen. Die Entsorgung des Asbestklebers bei Bodenbelägen ist aufgrund des geringeren Gesamtgewichts hingegen günstiger.

Hinweis!

Neben Asbest existiert eine Vielzahl anderer Giftstoffe, die in Baumaterialien von Immobilien vorliegen können und die Notwendigkeit eines Abrisses nach sich ziehen. Weil kaum ein Schadstoff derart teure Kosten zur Folge hat wie Asbest, wird an dieser Stelle nicht weiter vertieft. Besichtigen Sie die Immobilie zusammen mit einem Fachmann, so wird Ihnen dieser auch die Kosten für den Abriss und die Entsorgung der jeweiligen Bauelemente, die mit Schafstoffen belastet sind, schätzen. Für eine alleinige Besichtigung gibt es mehrere kleine Helfer, die Ihnen die Feststellung von Schadstoffbelastungen ermöglichen. Ein Beispiel für einen solchen Helfer ist der in der Apotheke erhältliche „Bio Check F" der Firma Dräger, mit dem Formaldehydbelastungen nachgewiesen werden können.

Kommen wir zu einem Fall, an dem Sie einiges an Geld sparen können: Das **Entfernen von Bodenbelägen und Tapeten.** Wenn Sie
einen Betrieb mit dem Entfernen beauftragen, dürfen Sie mit **5 €
pro Quadratmeter** für die Beseitigung alter **Tapete** rechnen. Hierbei spielt es keine Rolle, ob es sich um eine Raufaser-, Vlies-, Vinyl-
tapete oder eine andere Art handelt. Das Entfernen von Bodenbelägen richtet sich nach der Art des Bodenbelags, wobei deutliche
Unterschiede auftreten:

- Parkett: bis zu 10 € / m²
- Fliesen: bis zu 20 € / m²
- Holzdielen: meist ab 50 € / m²
- Teppich: meist 5 € / m²
- Laminat: bis zu 2 € / m²

Sie können die Kosten umgehen, indem Sie die **Arbeiten selbst erledigen.** Abrissarbeiten wie diese bedürfen keiner besonderen Qualifikation. Zur Sicherheit sind Handschuhe und Brillen als minima-
le Schutzausrüstung empfohlen. Insbesondere, wenn sich die Beläge
leicht entfernen lassen, **sparen Sie mehrere Hunderte oder – bei
mehreren Räumlichkeiten – mehrere Tausende Euro.** Vliestapeten beispielsweise zeichnen sich dadurch aus, dass sie sich einfach
von der Wand runterziehen lassen.

Im Prinzip können Sie dasselbe bei einer Entrümpelung machen,
aber bei der Entrümpelung mit zahlreichen Einrichtungsgegenständen ist der Aufwand häufig derart groß, dass sich dies in Eigenregie
kaum rentiert: Der Transport die Treppen hinauf/hinab erfordert
Ausstattung und mehrere Personen, was sich über Entrümpelungsunternehmen deutlich einfacher bewerkstelligen lässt. Die **Entfernung von Bodenbelägen sowie Tapeten und deren Transport sind
für Sie selbst einfach machbar.**

Tipp!

Ihre Zeit ist zu wertvoll, um selbst Bodenbeläge oder Tapeten herunterzureißen? Sie ist so wertvoll, dass es einem Verlust gegenüber der Beauftragung eines Unternehmens entspräche, falls Sie die Arbeiten selbst machten? Dann stellen Sie Ihre eigenen Helfer ein! Für Abrissarbeiten, die keine Qualifikationen erfordern, existieren reichlich körperlich fitte Schüler und Studenten, die sich einem Minijob gegenüber nicht abgeneigt zeigen. Aufgrund der geringen Risiken in Verbindung mit diesen Arbeiten ist hier auch die Schwarzarbeit ein Thema, das in Erwägung gezogen werden darf. Gehen wir aber von der rechtlich sicheren Anstellung eines Helfers auf Minijob-Basis aus, so können Sie bereits für 12 € pro Stunde die Tapete heruntergerissen bekommen, während ein professionelles Unternehmen 30 bis 40 € die Stunde fordert. Natürlich sollten Sie den Helfer, der vielleicht keinerlei Vorerfahrung hat, darin einweisen, dass die Tapete zuerst feucht gemacht oder der Teppich in kleine Stücke geschnitten werden muss, um einen Abriss zu erleichtern.

Die **Kosten für die Entsorgung von Tapete und Bodenbelägen** erfahren Sie bei dem **zuständigen Recycling- bzw. Werkstoffhof**. Gleiches gilt für die Entsorgung von Einrichtungsgegenständen, falls Sie die Entrümpelung selbst durchführen. Um ein Beispiel für die Gebührenstruktur zu bieten, werden im Folgenden die Preise der Stadtreinigung Hamburg für einzelne relevante Werkstoffe und Gebührenklassen aufgeführt:

Abfallart	Menge	Preis
mineralischer Bauschutt (z. B. Backsteine, Beton, Fliesen, Keramik, Ziegel)	pro angefangene 100 Liter und bis maximal 5 m³	12,00 €
Mineralfaserabfälle (z. B. Glaswolle, Steinwolle)	pro angefangene 100 Liter und bis maximal 1 m³	14,60 €

Restmüll (z. B. Teppichreste, Tapetenreste und weitere Baumaterialien)	pro angefangene 120 Liter	3,00 €
Fenster- und Türrahmen	-	kostenlos; sofern der Glasanteil rückstandslos entfernt wurde
imprägniertes Holz	-	kostenlos
Dachpappe	bis maximal 20 m²	kostenlos

Anhand dieser Übersicht lassen sich die verschiedensten Baumaterialien unterteilen. Nicht aufgeführte Baustoffe, wie z. B. Holzdielen, müssen separat mit der Stadtreinigung erörtert werden. Bei Holz spielt es eine große Rolle, inwieweit es behandelt ist. Unbehandeltes Holz wird am günstigsten entsorgt, während für behandeltes Holz aufgrund des Schadstoffgehalts mindestens 75 € pro Tonne an Kosten anfallen.

Was kann noch in einer Immobilie abgerissen werden? Bis zum kompletten Gebäude alles. Die bis hierhin vorgestellten Abrissarbeiten sind die im Schnitt häufigsten. Was noch erforderlich werden kann – allerdings speziell bei maroden Immobilien in stark baufälligen Zustand – sind die Entfernung von Putz und Estrich. Ist der **Putz** an den Wänden nicht mehr tragend oder blüht er aus, so muss er entfernt werden. Die Kosten hierfür liegen bei **15 bis 25 € pro Quadratmeter**. Es ist empfehlenswert, diese Arbeit von Profis durchführen zu lassen, weil diese am besten beurteilen können, ob der alte Putz noch taugt. Während Sie als Laie über die Entfernung des Bodenbelags oder der Tapeten selbst entscheiden können, ist die Entscheidung über die Eignung des vorhandenen Putzes manchmal komplizierter und erfordert ein fachmännisches Auge. Darüber hinaus ist für die Entfernung des Putzes Ausstattung notwendig, die idealerweise über Hammer und Mörtel hinausgeht. Bei Dekorputz z. B. muss mit einer Schleifmaschine gearbeitet werden, was einen hohen Zeitaufwand bedeutet. Ein professionelles Unternehmen wird alle Anforderungen am besten erfüllen. Die 15 bis 25 € Quadratmeterpreis **enthalten auch die Entsorgungsgebühren.**

Neben dem Abschlagen des Putzes wird in maroden Immobilien das **Abtragen des Estrichs möglicherweise notwendig** sein. Das massive und hoch belastbare Material, das auf den Boden gegossen und dort gleichmäßig verstrichen wird, ist in nahezu allen Bestandsimmobilien noch so weit in Ordnung, dass es höchstens ausgebessert werden muss. Anders bei komplett sanierungsbedürftigen Immobilien, bei denen die gesamte Struktur des Estrichs geschädigt ist: Mit Bohrhämmern und individuell ausgewählten Meißel-Aufsätzen gehen Unternehmen ans Werk, wobei der Kostenpunkt bei rund **270 bis 350 € pro m²** liegt.

Weitere Abrisspreise:

- ◆ Fenster und Türen ca. 55 bis 90 € pro Stück (können weitestgehend selbst entfernt und kostenlos entsorgt werden)
- ◆ Dächer (inklusive Entsorgung) 55 bis 95 € pro m²
- ◆ Wände und Mauern (bis zu einer Dicke von 15 cm) 35 bis 60 € pro m²

Materialkosten

Die Materialkosten sind der für Sie **einfachste und zuverlässigste Posten.** Grund hierfür ist, dass Sie die Geschäfte abfahren oder Websites durchstreifen können und so konkrete Angaben zu den Materialkosten erhalten. Es gibt keinen Werkstoff, den Sie nicht im Internet für einen schnellen Preisvergleich vorfänden. Unter Umständen lohnt es sich, die **Betreiber der Verkaufsseiten zu kontaktieren und über Preise bei größeren Abnahmemengen zu verhandeln.** Der ein oder andere Rabatt dürfte drin sein.

Problematisch wird die Kalkulation der Materialkosten für Sie nur in zwei Situationen: Entweder wenn Sie die Kontrolle über die Materialauswahl delegieren oder wenn Sie nicht wissen, welche Materialien für die jeweilige Renovierungs-, Sanierungs- oder Modernisierungsmaßnahme gebraucht werden.

<u>Beispiel für die erste Situation:</u> Sie haben die Möglichkeit, die komplette Aufwertung einer Immobilie durch einen Architekten durchführen zu lassen. Wenn Sie ihm freie Wahl über die Verwendung des Budgets geben oder das Budget nur bedingt einschränken, könnte es dazu kommen, dass beispielsweise für das Dach teure Materialien verwendet werden, während für den Boden die günstigsten Belege ausgesucht werden. Wenn Sie es anders wünschen, müssen Sie den **Architekten über Ihre gewünschte Prioritätensetzung in Kenntnis setzen.**

<u>Beispiel für das zweite Szenario:</u> Sie wissen nicht, welche Materialien gebraucht werden. Gehen wir zur Veranschaulichung dieses Szenarios davon aus, dass Sie gerade eine Immobilie besichtigen und für sich im Kopf kalkulieren, was der Abriss des Bodenbelags und das Verlegen neuer Fliesen kosten würden. Beim Verlegen von Fliesen rechnen Sie mit den Fliesen an sich und dem Fliesenkleber, vergessen aber die Fugenmasse. Dies macht bei einem Raum von 24 m^2 250 € Unterschied im Materialpreis. Bei der gesamten Immobilie können es demnach um die 1.000 € sein, falls überall Fliesen verlegt werden und die Immobilie rund 100 m^2 Wohnfläche aufweist. Dieses Beispiel zeigt, **wie sich bei mangelnder Kenntnis über die benötigten Materialien die einzelnen Posten zu hohen Gesamtkosten summieren.**

Material	Preis pro m^2
Bodenbelag	
Estrich	ca. 30,00 €
Fliesen	ca. 25,00 €
Parkett	ca. 50,00 €
Laminat	ca. 6,00 €
Teppich	ca. 20,00 €
Linoleum	ca. 35,00 €
Tapete	
Raufaser	ca. 1,50 €
Vlies	ca. 2,50 €
Vinyl	ca. 3,00 €

Elektrik	
FI-Schutzschalter	ca. 120,00 € (Gesamtpreis; nicht m²)
Sicherung mit PE-Leitern	
Raumthermostat	ca. 60,00 €
Rollläden	ca. 50,00 € (pro Stück)
Leitungen, Steckdosen & Schalter	ca. 140,00 € (pro Stück)
	ca. 4.000,00 € (Gesamtpreis; nicht m²)
Sanitär	
Entlüftungsanlage	ca. 3.000,00 € (Gesamtpreis; nicht m²)
Kalt- und Warmwasserleitungen	
Schmutzwasserkanal	ca. 1,00 € (pro lauf. Meter)
	ca. 300,00 € (pro lauf. Meter)

Die Preise sind **mittlere Pauschalangaben.** Weil Materialien in verschiedener Qualität erhältlich sind, variieren die Preise zum Teil stark. Bestes Beispiel für diesen Sachverhalt sind Kalt- und Warmwasserleitungen, die als Kunststoffrohre in dem in der Tabelle genannten Preissegment liegen. Stahl- und Kupferrohre sind in Bezug auf das Material vermeintlich hochwertiger, weswegen sie rund 7,00 € pro laufendem Meter kosten – 6,00 € Unterschied! Aufgrund der ans Wasser abgegebenen Metallionen und technischen Nachteilen wird aber meist zu den günstigeren Kunststoffrohren gegriffen. Bei Heizungsrohren gelten übrigens ähnliche Preisverhältnisse, wobei ebenfalls bevorzugt auf Kunststoffrohre zurückgegriffen wird.

Zum Preis für Heizungen sind die Schätzungen generell schwierig, weil es viele verschiedene Heizmethoden mit unterschiedlichen Leitungen gibt. Hier müssen Sie selbst auf Preissuche gehen. Gleiches gilt für die **Preise der sichtbaren Materialien:** Sanitäre Einrichtungen sind in den verschiedensten Preisklassen erhältlich. Hier gilt dieselbe Regel, wie bei Artikelkäufen allgemein: Ein Preisvergleich auf speziellen Websites schafft Abhilfe. Amazon, idealo. de und Besuche in lokalen Baumärkten bringen Sie schnell auf die kostengünstigste Spur. Es gibt Badewannen für eine Montage nahe der Wand, die unter 200 € kosten. Ebenso existieren wiederum freistehende Wannen zu Kosten von über 1.000 €. Die Differenzen sind deutlich, was sich auch bei den kleinen Wasserhähnen bemerkbar macht: Ganz schlicht für 7 Euro oder mit einem goldfarbigen Vogel als Zierde für 32 €? Sie haben die Wahl!

Haben Sie Verständnis, dass Ihnen dieses Buch in Hinblick auf die Materialkosten nicht die komplette Arbeit ersparen kann. Es wurde ein Großteil der Materialien aufgeführt, die kostentechnisch am meisten zum Tragen kommen sowie in Preisvergleichen im Internet schwer auffindbar sind. Greifen Sie beim An- und Verkauf, sofern es sich um keine Luxus- oder Statusimmobilien handelt, bei den **sichtbaren Materialien** zu **Produkten mittlerer Qualität** und bei den **nicht sichtbar verbauten Materialien** zu **Produkten niedriger bis mittlerer Qualität.**

Arbeitskosten

In diesem Unterkapitel werden nur die Arbeitskosten erwähnt, die für das **Verlegen bzw. die konstruktive Arbeit durch ein Gewerk** anfallen. Nachdem in 2.2.1 die Abrisskosten durch die Gewerke separat beleuchtet wurden, 2.2.2 den Kosten der benötigten Materialien gewidmet war und nun die konstruktiven Arbeiten (z. B. Verlegen von Bodenbelägen, Tapezieren, Verlegen von Wasserleitungen) anstehen, setzen wir uns in diesem Abschnitt damit auseinander, was einzelne Gewerke für bestimmte Arbeiten im konstruktiven Bereich verlangen. Sollten Sie eine der im Nachfolgenden geschilderten Arbeiten selbst beherrschen und Zeit zur Durchführung haben, ist die Eigendurchführung im Sinne der Kostensenkung selbstverständlich angeraten. Für alles andere gibt es die Gewerke!

Verlegen / Installieren	Preis pro m²
Bodenbelag	
Dielenboden	ca. 40,00 €
Dielenboden-Renovierung (Abschleifen und Versiegeln)	ca. 25,00 €
Parkett	ca. 75,00 €
Laminat	ca. 20,00 €
Teppich	ca. 60,00 €
PVC / Vinyl	ca. 20,00 €
Linoleum (Rollboden)	ca. 30,00 €
Linoleum (Klickboden)	ca. 45,00 €

Tapete	
Raufaser	ca. 10,00 €
Vlies	ca. 15,00 €
Vinyl	ca. 15,00 €
Dach	
Dachstuhl	ca. 70,00 €
Steildach	ca. 80,00 €
Steildach (mit Dämmung)	ca. 200,00 €
Steildach (komplett)	ca. 350,00 €
Flachdach (komplett; selten notwendig bei Flachdächern)	ca. 180,00 €
Elektrik	
Licht und Steckdosen	ca. 6.000 € (Gesamt bei 120 m² Wohnfläche)
Rollläden, Thermostate und programmierbare Schalter	ca. 7.000 € (Gesamt bei 120 m² Wohnfläche)
Sanitär	
Komplett neue Sanitärinstallation	ca. 10.000 € (Gesamt bei 120 m² Wohnfläche)
Ausbesserung bestehender Sanitärinstallation	ca. 70,00 €

Hier verstehen sich die Preise noch mehr als bei den Abriss- und Materialkosten als **pauschale Angaben**. Der hohe Individualisierungsgrad sticht vor allem im Sanitärbereich heraus. Um Ihnen das Verständnis zu erleichtern, soll **anhand der Sanitäreinrichtung ein Beispiel** durchgeführt werden: Die komplett neue Sanitärinstallation – wie Sie bei Neubauten immer und bei maroden Immobilien manchmal anfällt – ist die eine Sache. Die andere Sache sind die individuellen Wünsche bezüglich der Sanitäreinrichtung. Tatsächlich beeinflusst die gewünschte Sanitäreinrichtung die Materialkosten am meisten (Standard- oder Luxus-Badezimmer), aber zum Teil auch die Arbeit der Handwerker. Muss zusätzlich zur Badewanne eine Dusche angeschlossen werden oder soll die Immobilie über zwei Badezimmer verfügen, so steigen dadurch die Kosten für die gesamte Installation, weil der **Zeitaufwand zur Bewerkstelligung für die Gewerke steigt**. Die Kosten in der Tabelle verraten Ihnen den Gesamtpreis einer komplett neuen Sanitärinstallation in Bezug auf 120 m², wobei von einem Badezimmer und einer Küche mit Grundausstattung ausgegangen wird. Für jede darüber hinausgehende Ausstattung oder kleinere Arbeiten dürfen Sie mit 70 € Quadratmeterkosten kalkulieren. Um neben der Sanitäreinrichtung ein weiteres Beispiel zu geben: Sogar beim Teppich kann es ziemlich „bunt" zugehen. Die 60 € Quadratmeterpreis als pauschales Mittel können durch günstige Verlegeverfahren mittels Klebeband auf 10 € Quadratmeterpreis heruntergeschraubt werden – beachtlich! Die teuersten Marktpreise liegen bei rund 80 € für einen Quadratmeter Verlegearbeit. Beachten Sie bei alledem: Die Preise weichen zwischen Unternehmen aus Städten mit hoher Nachfrage und Unternehmen vom Land deutlich ab.

Schlussendlich haben die **Handwerkerkosten** immer einen **spekulativen Charakter**. Schauen Sie sich gern Fernsehshows oder anderweitige Informationsquellen an, um einen Eindruck zu gewinnen, wie die Profis bei Handwerkerkosten kalkulieren: Nahezu jeder Immobilieninvestor wirft pauschale Zahlen in den Raum, wobei er die **Kosten hoch kalkuliert**. Denn lieber positiv von geringeren Kosten überraschen lassen als negativ von unerwartet hohen Kosten.

Sofern Sie Ihre geschäftlichen Aktivitäten auf ein Bundesland oder eine Stadt konzentrieren und obendrein im Idealfall mit festen Partnern zusammenarbeiten, werden Sie die Preise relativ präzise einschätzen können. Aber bis dahin gilt: Mehr als pauschale Angaben können Ihnen nicht vermittelt werden, weil sich der Markt innerhalb Deutschlands stark unterscheidet und permanent in Bewegung ist. Was in diesem Jahr an Preisen noch aktuell ist, wird es nächstes Jahr vielleicht nicht mehr sein. Auch deswegen ist es wichtig, dass Sie sich **feste Partnerschaften** erarbeiten: Damit sind Sie **von Preisschwankungen weniger betroffen** und können sich **langfristig gute Preise** sichern.

Förderungsoptionen

Entgegen einiger Behauptungen werden nicht nur Personen staatlich gefördert, die ihr privates Eigenheim energieeffizient sanieren oder modernisieren. Die staatlichen Förderungen kommen auch Investoren zugute, die Immobilien an- und verkaufen, vermieten oder anderweitig damit arbeiten. Oberstes Ziel ist die Energiewende hin zu erneuerbaren Energien. Im Zuge der Wende ist es belanglos, ob Privatpersonen oder Unternehmen Immobilien energieeffizient machen. Denn sobald eine energieeffiziente Immobilie steht, ist es ein Beitrag zur Energiewende. Früher oder später wird sie von Käufern, Mietern oder bei Gewerbeimmobilien von Unternehmen bezogen. Sämtliche Förderungen, die Privatpersonen zustehen, erhalten auch Unternehmen, sofern die **Kriterien zur Förderung erfüllt** sind und keine sonstigen Ausschlussbedingungen bestehen.

Die **bekannteste Quelle für Fördergelder** ist die **Kreditanstalt für Wiederaufbau; kurz KfW**. Sie vergibt nicht nur Förderungen für die Immobilienmodernisierung, sondern ebenso für Unternehmen, Privatpersonen, öffentliche Einrichtungen und weitere Akteure, die in das Rahmenprogramm der KfW-Förderungen hineinpassen. Auf ihrer Website kfw.de informiert die Förderbank, die dem Bundesministerium für Finanzen untersteht, über die verschiedenen Förderoptionen. Um Ihnen das Auffinden der einzelnen Förderungsmöglichkeiten für Ihre Tätigkeit als Immobilienunternehmer zu erleichtern, erhalten Sie im Folgenden die **Förderoptionen in einzelnen Unterkapiteln mit den passenden Links zur KfW** vorgestellt.

Wir wollen aber nicht die weiteren Förderungsoptionen vernachlässigen, die es abgesehen von den KfW-Krediten sowie -Zuschüssen gibt! Hierzu gehören beispielsweise die **Förderungen des Bundesamts für Wirtschaft und Ausfuhrkontrolle**. Des Weiteren haben die einzelnen Bundesländer Förderprogramme mit gewissen Schwerpunkten gestartet, die weniger bekannt sind und daher seltener in Anspruch genommen werden. Hier sind die Chancen umso größer, Zuschläge in kürzester Zeit zu erhalten.

Energieeffizient sanieren – Kredit 151, 152

Das Wichtigste – kompakt!

- Link zur Infoseite: https://www.kfw.de/inlandsfoerderung/Unternehmen/Wohnwirtschaft/Finanzierungsangebote/Energieeffizient-Sanieren-Kredit-(151-152)/
- Kriterien:
  - Wohngebäude mit Bauantrag oder Bauanzeige vor dem 01.02.2002
  - Förderung folgender Einzelmaßnahmen: Wärmedämmung von Wänden, Dachflächen, Keller- und Geschossdecken / Erneuerung der Fenster und Außentüren / Erstanschluss an Nah- oder Fernwärme / Optimierung der Heizungsanlage / Erneuerung oder Einbau einer Lüftungsanlage
  - Einzelmaßnahmen müssen technische Mindestanforderungen erfüllen; mehr dazu unter: https://www.kfw.de/PDF/Download-Center/F%C3%B6rderprogramme-(Inlandsf%C3%B6rderung)/PDF-Dokumente/6000003612_M_151_152_430_Anlage_TMA_2018_04.pdf
- Förderungsbeträge:
  - bei Einzelmaßnahmen bis zu 50.000 € und bei Sanierung zum KfW-Effizienzhaus bis zu 120.000 € zu 0,75 % Sollzins pro Jahr
  - Tilgungszuschuss von bis zu 48.000 €, der sich nach der Qualität der Sanierung richtet
  - zusätzliche Begleitung durch Energieexperten kann mit weiteren 4.000 € gefördert werden

Photovoltaik-Anlagen sind nicht in der Förderung inbegriffen. Hierfür stellt die KfW einen anderen Kredit bereit, den Sie in den kommenden Unterkapiteln kennenlernen werden. Es ist erlaubt, **mehrere Förderungen der KfW miteinander zu kombinieren,** wodurch Sie die Vorteile steigern. Interessant für Sie dürfte sein, dass nicht nur Sie gefördert werden, sondern auch die Käufer Ihrer Immobilie. Voraussetzung hierfür ist, dass Sie die Bedingungen sowie Beträge der energieeffizienten Sanierung genau dokumentieren und im Kaufvertrag festhalten. Wenn die Käufer einen Antrag stellen, wird der Kauf der Immobilie staatlich gefördert – ja, richtig: Obwohl *Sie* bereits eine Förderung für die Sanierung erhielten, erhalten auch die Käufer die Förderung auf dieselbe Immobilie nochmals.

Der Haken an sämtlichen **Krediten der KfW** ist, dass sie **über einen längeren Zeitraum zurückgezahlt** werden müssen. Es besteht die Option zu einer vorzeitigen Rückzahlung der gesamten Kreditsumme, aber dann fällt eine Vorfälligkeitsentschädigung an. Der Kredit kann sich trotzdem lohnen, sofern Sie nach Abzug der Zinskosten und der Vorfälligkeitsentschädigung nach Verkauf der Immobilie einen Gewinn verzeichnen. Alternativ können Sie den Kredit über den kürzesten Zeitraum von vier Jahren zurückzahlen, was Sie schneller von den Schulden befreit. Hinzu kommt der **Tilgungszuschuss**, der einen wesentlich höheren Gewinn bei Verkauf der Immobilie zur Folge hat. Es muss sich rechnen. Bei den KfW-Krediten tut es dies meistens.

Energieeffizient sanieren Ergänzungskredit – Kredit 167

Das Wichtigste – kompakt!

♦ Link zur Infoseite: kfw.de/inlandsfoerderung/Unternehmen/Wohnwirtschaft/Förderprodukte/Energieeffizient-Sanieren-Ergänzungskredit-(167)/

♦ Kriterien:
  ○ zur Umstellung der Heizungsanlage auf erneuerbare Energien
  ○ nur bei Wohngebäuden anwendbar

♦ Förderungsbeträge:
  ○ bis zu 50.000 € Kreditbetrag
  ○ Zinssatz bei 0,78 % effektivem Jahreszins

Dieser Ergänzungskredit ist **mit dem Kredit 151, 152 kombinierbar**, ebenso aber mit dem nicht von der KfW angebotenen **BAFA-Zuschuss „Heizen mit erneuerbaren Energien"**. Wie beim Kredit 151, 152 können die Käufer die Kosten für den Kauf Ihrer Immobilie zum Teil fördern lassen, wenn Sie die Kosten für die energieeffiziente Sanierung der Heizungsanlage gesondert ausweisen. Dies vereinfacht den Kauf. Erneut ist die **Hinzuziehung eines Experten förderfähig mit bis zu 4.000 €**. Der „Zuschuss Baubegleitung" mit der Nummer Zuschuss 431 ist unter dem Link „https://www.kfw. de/inlandsfoerderung/Unternehmen/Wohnwirtschaft/Finanzierungsangebote/Energieeffizient-Sanieren-Baubegleitung-(431)/" abrufbar. Bei diesem Zuschuss werden bis zu 50 % der Kosten für einen Experten übernommen.

Erneuerbare Energien Standard – Kredit 270

Das Wichtigste – kompakt!

- ◆ Link zur Infoseite: https://www.kfw.de/inlandsfoerderung/Unternehmen/Wohnwirtschaft/F%C3%B6rderprodukte/Erneuerbare-Energien-Standard-(270)/

- ◆ Kriterien:
  - o Errichtung, Erweiterung und Erwerb von Erneuerbare-Energien-Anlagen (zzgl. Planungs-, Projektierungs- und Installationskosten), wie z. B. Photovoltaik-Anlagen, Wasserkraft-Anlagen, Windkraft-Anlagen, KWK-Anlagen, Biogas-Anlagen sowie -Leitungen und Batteriespeicher
  - o gebrauchte Anlagen sind in der Regel von den Förderungen ausgeschlossen
  - o gesetzliche Anforderungen für den Ausbau erneuerbarer Energien müssen abgedeckt sein

- ◆ Förderungsbeträge:
  - o bis zu 50 Mio. Euro pro Kredit mit teilweiser oder sofortiger Auszahlung des Betrages
  - o volle Höhe der Investitionskosten kann gedeckt werden

> ○ effektiver Jahreszins ab 1,03 % pro Jahr
> ○ Außerplanmäßige Sofort- oder Teiltilgung möglich

Der Kredit 270 der KfW richtet sich an **Kleinunternehmen sowie Big Player.** Dies macht sich nicht nur anhand der Kreditsumme, sondern auch an der **Förderung bis ins Ausland** bemerkbar. Für die **Installation von Photovoltaik-Anlagen** bei Immobilien ist der Kredit bereits in fünf- bis sechsstelliger Höhe ausreichend. Die bis zu 50 Mio. Euro richten sich an Investoren, die ganze Parks mit Windkraftanlagen bauen.

Aufgrund der **Kombinationsmöglichkeiten mit anderen Förderungen** vermag dieser Kredit es, eine immense Bereicherung bei der Sanierung der Immobilie darzustellen. Es ist ein Verkaufsargument für die Immobilie, weil der selbst erzeugte Strom auf lange Sicht nicht nur Ersparnisse, sondern auch **Perspektiven zur Erzielung von Einkünften** bietet. Hat das Dach eine ausreichend große Fläche, so kann damit Strom über den eigenen Bedarf hinaus erzeugt werden. Bei Einspeisung des überschüssigen Stroms in das öffentliche Netz verdient der Immobilieneigentümer.

Dieser Kredit kann **mit einer Dachsanierung kombiniert** werden.

Altersgerecht umbauen – Kredit 159

> *Das Wichtigste – kompakt!*
> ◆ Link zur Infoseite: https://www.kfw.de/inlandsfoerde-rung/Unternehmen/Wohnwirtschaft/Finanzierungsan-gebote/Altersgerecht-umbauen-(159)/
> ◆ Kriterien:
>   ○ Vergabe unabhängig vom Alter
>   ○ zur Reduzierung von Barrieren im Wohngebäu-de und Schutz vor Einbruch

---

- ♦ Förderungsbeträge:
  - ○ bis zu 50.000 € Kreditbetrag
  - ○ ab 0,78 % effektivem Jahreszins

Neue Fenster und Fenstertüren werden durch diesen Kredit **nicht gefördert.** Hierfür ist der bereits vorgestellte Kredit 151, 152 hilfreich. Unter Maßnahmen zur Reduzierung von Barrieren im Wohngebäude werden beispielsweise der Einbau von Liftsystemen zur Überwindung von Treppen, Erschließung und Schaffung von Balkonen sowie Smart-Home-Anwendungen zur Unterstützung im Haushaltsalltag geführt. Maßnahmen im Sinne des Einbruchschutzes sind z. B. **einbruchhemmende Haus- und Wohnungseingangstüren, einbruchhemmende Rollladensysteme** sowie **moderne Gefahrenwarnanlagen.**

Während Privatpersonen als Alternative Zuschüsse zur Barrierereduzierung und zum Einbruchschutz beantragen können, steht Unternehmen lediglich dieser Kredit offen. Der Kredit ist **kombinierbar mit anderen Krediten der KfW.** Er ist allerdings **nicht bei gewerblich genutzten Immobilien anwendbar.** Wenn Sie mit Gewerbeimmobilien handeln, müssen Sie demnach auf diesen Kredit verzichten. Die kürzeste Laufzeit des Kredits, die beim An- und Verkauf empfohlen ist, erstreckt sich über vier Jahre. Eine vorzeitige komplette Rückzahlung des Kredits ist gestattet, wobei die Vorfälligkeitsentschädigung anfällt.

BAFA: Heizung effizient optimieren – Zuschuss

Das Wichtigste – kompakt!
- ♦ Link zur Infoseite: https://www.bafa.de/DE/Energie/Energieeffizienz/Heizungsoptimierung/heizungsoptimierung_node.html

♦ Kriterien:
  ○ Ersatz ineffizienter Pumpen
  ○ Ausrüstung mit hocheffizienten Pumpen
  ○ hydraulischer Abgleich am Heizsystem
♦ Förderungsbeträge:
  ○ Zuschuss in Höhe von 30 % der Nettoinvestitionskosten
  ○ Zuschuss bis zu 25.000 € pro Standort

In der Förderung inbegriffen ist die Umrüstung der Heizung mit u. a. **voreinstellbaren Thermostatventilen, Einzelraumtemperaturreglern, separater Mess-, Steuerungs- und Regelungstechnik und Pufferspeichern.** Es werden neben den Kosten für die Systeme auch die Kosten für den fachgerechten Einbau durch einen Dienstleister sowie die Materialkosten übernommen, die in Verbindung mit der Umrüstung stehen. Da es sich um einen Zuschuss bzw. eine Förderung handelt, muss die **Fördersumme nicht zurückgezahlt** werden. Weil sie sich auf maximal 30 % der Maximalkosten und 25.000 € pro Standort beläuft, müssen Sie als Investor den Großteil des Betrags aus eigenen Finanzen einbringen. Sie können diesen Zuschuss **mit einem Kredit der KfW kombinieren**, wie z. B. dem Kredit 167.

Aus der Förderung entfallen alle veralteten Heizsysteme, die in naher Zukunft nicht mehr genutzt werden sollen. Beispiele hierfür sind Gas- und Ölbrennwertkessel. Einige andere erneuerbare Energien, wie Wärmepumpen und Solarthermieanlagen, sind nicht förderfähig. Hierzu gibt es ersatzweise die Förderungen der KfW-Bank sowie der Landesregierungen.

Das BAFA hat eine geringere Auswahl an Förderprogrammen als die KfW. Über den Nutzen weiterer Programme, die z. B. die **Installation energieeffizienter Kälte- und Klimatechnik** fördern, erfahren Sie auf der Website des BAFA unter dem Link „https://www.bafa.de/DE/Home/home_node.html" Näheres.

Sonstige Förderungen

Unter die sonstigen Förderungen fallen regionale Angebote, die Sie über Ämter oder das Internet in Erfahrung bringen. Eine Person, die sich über die einschlägigen Quellen für Immobilieninvestoren (z. B. „IM immobilien magazin" als eine physische Zeitung und „deal-magazin.com" als eine Online-Zeitung; mehr zu Quellen im Schlusswort) regional sowie national auf dem Laufenden hält, wird kein gutes Angebot verpassen. Eine **gute Übersicht** im Internet mit einer **Vielzahl nationaler und regionaler Förderprojekte** findet sich auf der Website **baufoerderer.de** unter dem Link „https://www.baufoerderer.de/finanzieren-foerdermittel/foerdermittel/sanierung". Nachdem Sie sich auf dieser Seite im oberen Bereich durch die vielen KfW-Förderungen gescrollt haben, gelangen Sie im mittleren bis unteren Bereich der Auflistung zu einer Menge anderweitiger Förderprogramme. Achten Sie bei näheren Recherchen immer darauf, dass die Kredite nicht nur auf Privatpersonen, sondern auch auf Unternehmen und Investoren ausgelegt sind. Ansonsten beantragen Sie eine Förderung, die Ihnen nicht zusteht. Wenn Sie diese erhalten, droht im Nachhinein ein bürokratisches Desaster.

Die regionalen Förderprogramme sind derzeit breit gestreut und haben verschiedene Voraussetzungen. Sowohl von Ämtern als auch Banken initiiert, handelt es sich um Darlehen, die zu günstigen Konditionen zurückgezahlt werden können, oder Zuschüsse, bei denen nur eine teilweise Rückzahlung verlangt wird. Drei Beispiele für aktuell laufende Förderprogramme:

- ◆ **Sanierung von Mietwohnungen in Bremen (durch die „NBank")**

  Ausbau, Umbau und Erweiterung von Mietwohnungen werden gefördert. Ziel ist eine Sicherstellung der Versorgung mit angemessenem Wohnraum. Bei gut begründeten Ausnahmen werden auch Neubaumaßnahmen als Ersatz für die Arbeit an Bestandswohnungen gefördert. Bis zu 15 % Tilgungsnachlass machen das Darlehen lukrativ. Es ist — je nach Umbaumaßnahmen — ein Eigenkapital in höherem fünf- oder sechsstelligen Bereich notwendig. Besonderheit: Es muss keine Modernisierung der Immobilien erfolgen.

♦ **Energetische Modernisierung bei WEG in Hessen (durch die WiBank als eine Wirtschafts- und Infrastrukturbank)**

Wie der KfW-Kredit 151, 152, abgesehen davon, dass die gesamte Wohnungseigentümergemeinschaft diesen Kredit finanziert. Dadurch kann die erforderliche Bonität einfacher nachgewiesen werden. Aufgrund der Finanzierung über eine WEG ist dieses Förderprogramm lediglich für Personen geeignet, die die Immobilie über die Dauer des Darlehens – in diesem Fall 10 Jahre – halten und vermieten wollen. Bei einem An- und Verkauf der Immobilie binnen eines kürzeren Zeitrahmens bestünde das Problem, dass der eigene Anteil des KfW-Darlehens auf den Käufer übertragen werden müsste.

♦ **Hamburger Gründachförderung (durch die Investitions- und Förderbank Hamburg)**

Ein Investitionszuschuss, der nicht zurückgezahlt werden muss, und maximal 50.000 € pro Gebäude beträgt. Er ist auch auf Gewerbeimmobilien anwendbar. Es werden Dachbegrünungen ab einer Mindestgröße von 20m² Nettovegetationsfläche gefördert. Wenn Sie eine Qualifikation als Gärtner nachweisen können, dann können Sie auch die eigene Arbeitsleistung fördern lassen. Zuschläge werden z. B. bei Maßnahmen, die mit der Installation solarer Anlagen auf dem Dach verknüpft sind, vergeben. So wird die Investition lukrativer. Die Kombination mit KfW- und BAFA-Förderungen ist möglich.

Wir stellen fest, dass die Förderungen unterschiedlich aufgebaut sind. Die einen sind Kredite mit Tilgungsnachlass, die anderen Zuschüsse. Darüber hinaus werden die KfW-Programme bei bestimmten Förderungen dank der Möglichkeit, sie über eine WEG zu finanzieren, zugänglicher. Eigene Förderprogramme mit sehr spezieller Ausrichtung, wie das zuletzt vorgestellte Projekt mit dem Namen „Hamburger Gründachförderung", erweitern die Bandbreite an Angeboten. Es lohnt sich, wenn Sie sich auf dem Laufenden halten und **in jede noch so spezielle Richtung nach Förderungen suchen**. Zum Teil eignen sich die Förderungen sogar als eine Inspirationsquelle. Wären Sie vorher auf die Idee gekommen, das Dach einer Immobilie mitten in der Stadt zu begrünen? Wohl eher nicht. Nun haben Sie die Förderung als einen Ideengeber und können die Idee weiterentwickeln, indem Sie beispielsweise eine Terrasse oder einen Wintergarten auf dem Dach hinzufügen, um den Kaufpreis der Immobilie zu steigern.

Förderungen für das Unternehmen

Förderungen für die Immobilie sind das eine, Förderungen für das Unternehmen das andere. Für den Fall, dass Sie **gewerblich mit Immobilien handeln**, ergeben sich andere Voraussetzungen als bei dem einmaligen An- und Verkauf einer Immobilie oder dem An- und Verkauf mit Haltedauern von über zehn Jahren. Mehr dazu in Kapitel 3. Fakt ist, dass den **Unternehmen staatliche Förderungen ebenfalls offenstehen**. Wie bei den Förderungen für Immobilien ist die KfW nicht die einzige Quelle für Fördergelder. Weil der Fokus dieses Kapitels allerdings nicht auf Förderungen für Unternehmen liegt, werden in diesem Kapitel als Beispiel nur die Förderoptionen durch die KfW-Bank erläutert. Die vielfältigen Spielräume sollten Ihnen als Anreiz dienen, sich darüber hinausgehend über die Fördermöglichkeiten für Unternehmen zu informieren.

Hinweis!

Beachten Sie, dass Förderungen fürs Unternehmen nur dann in Anspruch genommen werden sollten, wenn Sie es mit Ihrer Tätigkeit im Immobilienankauf und -verkauf ernst meinen!

Gehen wir den Worst-Case bei der Förderung von *Immobilienmodernisierungen* durch: Wenn Sie die Immobilie nicht verkaufen oder danach keine Lust haben, Ihre Tätigkeit im Immobilienhandel fortzusetzen, dann haben Sie immerhin noch die Immobilie oder den Gewinn aus dem Verkauf der Immobilie, der die Kredite der KfW refinanziert.

Betrachten wir nun den Worst-Case bei der Förderung Ihres *Unternehmens*: Sie haben Ihr Unternehmen, aber nicht die Immobilie gefördert, was bedeutet, dass die Risiken der Kreditaufnahme sich an Ihrer Unternehmung bemessen. Bei einer nicht sachgemäßen Verwendung der Gelder kann die Förderung eingestellt werden. Sie haben den Kredit nicht über einen Sachwert wie die Immobilie abgesichert, sondern ihn auf das Unternehmen laufen, das durch die eingestellten Fördergelder finanziell in die Bredouille kommt.

Es zeigt sich, dass die mit der Förderung eines Unternehmens verbundenen Risiken höher sind als die Risiken bei einer Förderung von Änderungen an einer Immobilie.

Am Anfang der Beantragung einer Förderung für Ihr Unternehmen steht die **Entschlossenheit**. Es ist empfehlenswert, mindestens einen An- und Verkauf einer Immobilie abgeschlossen zu haben und sich davon zu überzeugen, dass Sie wirklich ein Unternehmen gründen wollen. Dieses Unternehmen muss realistisch profitabel sein. Danach müssen Sie die passende Förderung für Ihr Unternehmen wählen. Die **KfW stellt mehrere Förderungen zur Verfügung**:

- ♦ ERP-Gründerkredit mit bis zu 150.000 € für Existenzgründer, junge und kleine Unternehmen

- ♦ ERP-Kapital für Gründung mit bis zu 500.000 €

- ♦ universeller ERP-Gründerkredit für Unternehmen, die weniger als fünf Jahre auf dem Markt sind

- ♦ weitere Kredite für etabliertere Unternehmen mit höheren Kreditvolumina

- ♦ ERP-Regionalförderprogramm mit bis zu 3 Mio. € Kreditvolumen für kleine und mittlere Unternehmen, die mindestens fünf Jahre auf dem Markt sind

Für den Anfang ist die Wahl eines der ersten beiden Kreditprogramme wahrscheinlicher, wobei nachgewiesen werden muss, wofür die Gelder ausgegeben werden. Die Ausgaben müssen strikt im Zusammenhang mit der geschäftlichen Tätigkeiten erfolgen und mit Belegen dokumentiert werden. Wenn Sie vor der Beantragung eines der Förderkredite bereits eine oder zwei Immobilien angekauft und verkauft haben, haben Sie weitaus bessere Chancen, den jeweiligen Kredit zu erhalten. Weil Sie durch die Schaffung hochwertigen und eventuell sogar energieeffizienten Wohnraums einen Beitrag zur Lösung regionaler sowie nationaler Probleme bzw. zum Erreichen der regionalen und nationalen Ziele leisten, dürfen Sie davon ausgehen, ohne nennenswerte Barrieren zu der von Ihnen gewünschten Förderung zu gelangen.

Der **ERP-Gründerkredit mit bis zu 150.000 €** ist mit den **geringsten Anforderungen** verbunden. Wenn Sie ihn einmalig beantragt, aber nicht die volle Summe in Anspruch genommen haben, dürfen Sie den Kredit bis zur Gesamtsumme von 150.000 € mehrmals beantragen. Ein Einsatz eigener Mittel ist nicht notwendig. Beim **ERP-Kapital** müssen Sie **eigene Mittel einbringen und einsetzen**. Eine Finanzierung des Geschäfts komplett aus dem Kreditbetrag ist nicht gestattet.

Ausbau und Umbau

Der Ausbau von Immobilien – wozu auch Umbaumaßnahmen zählen, die die Wohnung über den Grundriss hinaus nach außen verändern – wird gesetzlich regelmäßig durch neue Vorschriften verkompliziert. Was in diesem Jahr noch galt, kann im nächsten Jahr schon wieder anders sein. Nicht nur, wenn Sie als Investor eine Immobilie ausbauen möchten, sondern auch, wenn Sie eine ausgebaute Immobilie erwerben möchten, müssen Sie vorsichtig sein. Der Worst-Case wäre der Kauf einer Immobilie, die **ohne Genehmigung ausgebaut** wurde. Je nachdem, wie weitreichend der Umfang der Ausbauten wäre, müssten Sie entweder einen **Teil der Immobilie abreißen oder sogar die gesamte Immobilie**. Aus diesem Grund erhalten Sie im Folgenden die wichtigsten Ratschläge rund um den Ausbau, die Ihnen früher oder später womöglich den ein oder anderen Euro ersparen werden.

Gesetzliche Vorschriften zum Ausbau/Umbau der Immobilie

Von Gesetzes wegen gilt, dass **alle Arbeiten, die am Erscheinungsbild einer Immobilie von außen nichts verändern, keiner Genehmigungspflicht bedürfen.** Ausnahmen bestehen bei denkmalgeschützten Immobilien. Diese Grundregel dürfen Sie sich merken, weil davon keinerlei Abweichungen gegeben sind. Dies erscheint insofern plausibel, als die Bauaufsichtsbehörden ansonsten jeden Tag Anfragen zum Austausch der Fenster oder zum Verlegen neuer Böden zu bearbeiten hätten.

Das Erscheinungsbild von außen wird beispielsweise nicht dadurch verändert, dass Sie das Dachbodenfenster austauschen. Aber Vorsicht: Das Fenster muss genauso groß wie das vorige sein! Andernfalls führen Sie eine Änderung durch, die von außen deutlich erkennbar ist. Dies ist genehmigungspflichtig. Wenn Sie den Dachboden um ein Panoramafenster bereichern und durch das Home-Staging als eine Art „Kuschel-Ecke mit Panorama-Aussicht" zur Aufwertung der Immobilie vermarkten, bedarf es erst recht einer Genehmigungspflicht. Glücklicherweise ist die Lage in einigen Bundesländern entspannter. **Je nach Bundesland** kann es sein, dass diese Maßnahmen – trotz sichtbarer Veränderungen – keine Genehmigungspflicht nach sich ziehen. Informieren Sie sich bei der **zuständigen Bauaufsichtsbehörde.** Diese finden Sie, indem Sie bei Google die jeweilige Stadt, in der Sie die Immobilie haben, eingeben und das Stichwort „Bauaufsichtsbehörde" anfügen. Je häufiger Sie in Immobilien investiert und sich über die Genehmigungspflicht von Ausbauten informiert haben, umso mehr sind Sie über die Lage im jeweiligen Bundesland aufgeklärt und müssen sich beim nächsten Mal nicht mehr aufs Neue informieren.

> ### Das Wichtigste – kompakt!
>
> ♦ Zu Beginn müssen Sie davon ausgehen, dass jede von außen deutlich sichtbare Veränderung des Dachbodens oder der Immobilie einer Genehmigungspflicht unterliegt. Dies gilt ebenso für Verkleinerungen der Immobilie.
>
> ♦ Sollten Sie über die zuständige Bauaufsichtsbehörde (Google-Suche „Stadt" + „Bauaufsichtsbehörde") erfahren, dass Sie keine Genehmigung für Umbauten wie die genannten benötigen, dann dürfen Sie direkt ans Werk gehen.
>
> ♦ Bei einer Genehmigungspflicht müssen Sie Ihr Anliegen vorstellen und sich die Genehmigung dafür einholen.

Bundesländer, in denen keine Genehmigungspflicht besteht, lassen die Zügel sehr locker. Hier ist es sogar erlaubt, ohne Genehmigungspflicht einen Balkon anzubauen. Doch in Bezug auf die Erweiterung der Immobilie um neuen Wohnraum sind sämtliche Bundesländer streng. Sie müssen **immer eine Genehmigung einholen, wenn Sie neuen Wohnraum schaffen**. Im Erdgeschoss zusätzlich angebaute Zimmer gehören automatisch zur Wohnfläche und sind in allen Bundesländern genehmigungspflichtig. Der Ausbau des Dachbodens ist in einigen Bundesländern nicht genehmigungspflichtig, wie Sie lernen durften, aber wird es genau dann, wenn Sie die ausgebaute Fläche zur Wohnfläche zählen und als solche verkaufen oder die neu geschaffene Wohnfläche im Dachboden vermieten. Neben der **Genehmigung zum Ausbau** müssen Sie bei der Bauaufsichtsbehörde **ebenso die Genehmigung zur Nutzungsänderung** für den Dachboden einholen.

Der Ausbau des Dachbodens zu zusätzlichem Wohnraum geht obendrein mit weiteren Vorschriften einher. Diese erfahren Sie von der zuständigen Behörde. Sie dürfen sich diesbezüglich darauf einstellen, dass die neuen Räumlichkeiten eine gewisse Wandhöhe vorzuweisen haben. Bei **Dachschrägen** beispielsweise dürfen die von

der Schräge erfassten Quadratmeter nicht vollwertig der Wohnfläche zugerechnet werden. Überdies existiert eine **Geschossflächenzahl**, die die zulässige Maximalanzahl der Wohngeschosse in einem
Gebäude von der Größe der Grundstücksfläche abhängig macht.

Das Wichtigste – kompakt!

♦ Wenn Sie den Wohnraum ausbauen, müssen Sie immer (!) eine Genehmigung einholen. In Erdgeschos-
sen reicht die Genehmigung zum Ausbau/Umbau, bei
Dachgeschossen – weil diese früher nicht zur Wohnfläche gehörten – muss überdies eine Genehmigung zur
Nutzungsänderung gegeben sein.

♦ Ob der Dachboden zu Wohnraum ausgebaut werden
darf, hängt u. a. von der zulässigen Geschossflächenzahl
ab. Weitere Kriterien bringen Sie bei der Baubehörde in
Erfahrung.

♦ Je nachdem, wie hoch die Wände sind (Dachschrägen
begrenzen die Höhe), wird die Quadratmeterzahl entweder vollwertig oder zu einem bestimmten Anteil als
Wohnfläche angegeben.

Diese Regelungen gelten sowohl **für Mehr- als auch Einfamilien-
häuser**. Eine Besonderheit ergibt sich bei Mehrfamilienhäusern
jedoch. Wenn sich zwei Familien den Dachboden teilen, darf der
Dachboden nur dann zum Wohnraum ausgebaut oder allgemein
umgebaut werden, sofern die durchführende Person das alleinige
Nutzungsrecht für den Dachboden besitzt. Bei einem alleinigen
Nutzungsrecht für den Dachboden haben die Miteigentümer des
Hauses keinen Anspruch auf eine Unterlassung des Ausbaus.

Für den **Ausbau von Kellern zu Wohnräumen,** was aufgrund knap-
per werdenden Wohnraums zunehmend beliebter wird, gelten im
Grunde genommen **dieselben gesetzlichen Regularien sowie Ratschläge:** Die Erweiterung zum Wohnraum ist genehmigungspflichtig und in jedem Bundesland variieren die gesetzlichen Bestimmun-
gen. Die Bauaufsichtsbehörde gibt Ihnen nähere Informationen.

Als Alternative zur Bauaufsichtsbehörde können Sie sich selbst schlau machen, indem Sie die **Landesbauordnung für das jeweilige Bundesland** direkt lesen. Dort sind alle wichtigen Vorschriften aufgeführt, die Sie bei dem Ausbau/Umbau abdecken müssen. Das Lesen erspart Ihnen nicht das Einholen der behördlichen Genehmigung, aber beschleunigt die Vorbereitungen und dient als erster Gradmesser, ob ein Ausbau/Umbau überhaupt sinnvoll ist.

Bauliche Konsequenzen

Nachdem die erforderlichen Genehmigungen allesamt in schriftlicher Form bei Ihnen liegen, können die Bauarbeiten beginnen. Die folgenden Einblicke sind rudimentär, aber veranschaulichen Ihnen den Aufwand hinter einem Ausbau/Umbau und sollten bereits vor der Beantragung der Genehmigungen kalkuliert werden. Sofern sich die Arbeiten nicht rentieren oder zu aufwendig erscheinen, sollten Sie auf die Beantragung der Genehmigungen verzichten und Ihre Zeit anderweitig sinnvoll für Arbeiten an der Immobilie investieren.

> ## Tipp!
>
> Sie benötigen die Genehmigungen definitiv schriftlich für Ihre Unterlagen. Die Bundesrepublik Deutschland ist dermaßen wenig digitalisiert, dass Akten teilweise in physischer Form vorliegen und mit Fahrzeugen zwischen den Ämtern transportiert werden. Merken Sie sich dies insbesondere für Ihre Steuererklärungen. Liegt ein Schreiben beim Finanzamt nicht vor und Sie haben es ebenfalls nicht zur Hand, so hat es nie existiert; auch wenn Sie es schon in der Hand hielten. Alles muss schriftlich vorliegen und in Ordnern abgeheftet sein. Korrektheit und Ordnung sind bei Unternehmen in diesem Land unerlässlich.

Die baulichen Anforderungen beim Dachausbau sind noch relativ übersichtlich. Sie fallen nahezu genauso aus wie in den sonstigen Wohnräumen. Abgesehen davon, dass die **Leitungen und Rohre erweitert und von den zuständigen Gewerken neu verlegt** werden müssen, ist meist nur das Verlegen eines neuen Bodens und das

Verputzen der Wände erforderlich. Schon steht der Dachboden. Anspruchsvoller wird es, wenn das Dach zu tief liegt und das Dach nach oben geschoben sowie die Wände verlängert werden müssten. Die Kosten hierfür sind so hoch, dass sich ein Ausbau nicht lohnt. Eine Alternative wäre das **Abhängen der Decke im Geschoss unterhalb des Dachbodens**. Das Abhängen hätte einen erheblichen Vorteil: Weil der Raum kleiner würde, würde sich der Wärmeverlust in den unteren Räumlichkeiten verringern. Dies würde die Heizkosten senken.

Somit gilt für den Ausbau des Dachbodens: Entweder ist der Dachboden ohne Erhöhung der Wände und Verlegung des Daches umsetzbar *oder* das Abhängen der Decke im Geschoss darunter macht den Dachboden groß genug, um neuen Wohnraum zu schaffen.

Die Empfehlung ist, einen Dachbodenausbau nur dann auszuführen, wenn der Dachboden bereits zu Beginn reichlich Platz bietet. So wird der Ausbau kostengünstig und lukrativ. Sollte der Dachboden zu klein sein, bietet sich die bereits erwähnte Einrichtung eines Kuschel- oder Erholungsortes im Rahmen des Home-Stagings an. Mit Panoramafenster und einer gemütlichen Einrichtung wird auch durch einen Dachboden, der nicht als Wohnfläche verkauft wird, der Preis der Immobilie gesteigert. Bei einem Ausbau zum Wohnraum und bestenfalls auch beim Home-Staging ist auf eine **verstärkte Dämmung des Dachbodens** zu achten. Diese Eigenheit macht den Dachbodenausbau etwas komplexer als vergleichbare Arbeiten in den Wohnräumen. Abgesehen davon können Sie aber mit den Kostenangaben aus Unterkapitel 2.1 kalkulieren.

Der **Kellerausbau** ist eine Besonderheit. Den Ausbau von Kellern sollten Sie sogar bei bereits vorhandener Erfahrung in der Sanierung, Renovierung, Modernisierung und Erweiterung von Immobilien **nicht ohne Experten durchführen**. Die Abgabe der Feuchtigkeit muss genau und individuell für jeden Keller bestimmt werden. Folglich variieren die Maßnahmen zu Abdichtungen an den Wänden. Weitere Besonderheit des Kellerausbaus ist der problematische Ersatz der kleinen Kellerfenster durch größere

Fenster. Die Außenmauern sind nämlich tragende Wände. Diese Wände durch die Vergrößerung der Fenster zu schwächen, hätte schon bei kleinsten Umbaumaßnahmen eventuell gravierende Auswirkungen auf die Statik. Als Gegenmaßnahme ist es meistens notwendig, was wiederum kostspielig ist, die Deckenwände abzustützen. Konsultieren Sie vor der Entscheidung über einen Kellerausbau immer den Statiker. Ziehen Sie zudem einen Maurer oder anderweitigen Experten hinzu, um die Maßnahmen zur Abdichtung der Wände zu besprechen.

Ansonsten sind die anfallenden Arbeiten dieselben, wie bei sonstigen Arbeiten der Gewerke – Leitungen, Rohre und Boden verlegen etc. Allerdings hat **jedes Gewerk beim Kellerausbau** an einem **Extraproblem** zu knabbern. Der Sanitätsinstallateur wird beispielsweise eine Abwasserhebeanlage installieren müssen, damit das Wasser von unten nach oben in die Kanalisation geleitet wird. Dieses Problem ist oberhalb des Kellers, wo das Wasser hinunter- statt hinauffließt, nicht gegeben.

Der Kellerausbau ist eine Besonderheit, die vermieden werden sollte. Er **lohnt sich, falls überhaupt, nur bei äußerst günstigen Konditionen der Gewerke *oder* in A-Städten und B-Städten in zentraler Lage.** In Städten der besagten Kategorien sind die Preise für den Wohnraum so hoch, dass über den Verkauf des Kellers als zusätzlichen Wohnraum eine zusätzliche Quadratmeterfläche generiert wird, die den Kaufpreis der Immobilie signifikant steigert.

Zusammenfassung

Alles, was bei der Immobilienaufwertung maßgefertigt wird, muss vorbestellt werden. Die Vorlaufzeiten für Küchen, Fenster sowie Türen sind einzuplanen. Bereits vor der Räumung oder Entrümpelung der Immobilie sollte die Bestellung maßgefertigter Elemente erfolgen. Falls Sie eine günstige und schnelle Lösung suchen, können Sie auf eine Küche verzichten. Sind die Größen der Fenster und Türen in der Immobilie genormt, dann werden Sie fertige passende Exemplare sofort im Laden erhalten.

Nach den Vorbestellungen oder parallel dazu finden Räumung der Immobilie und die Beseitigung von Giftstoffen, sofern welche vorhanden sind, statt. Bei Bestandsimmobilien der 50er bis 80er Jahre wird womöglich eine Asbestsanierung notwendig sein. Die Firmen brauchen eine Woche Vorlaufzeit. Erst nach der Asbestsanierung, die von einem zertifizierten Unternehmen durchgeführt werden muss, dürfen andere Gewerke oder Sie selbst ans Werk.

Bei den Abrissarbeiten sparen Sie Geld, wenn Sie anspruchslose Abrissarbeiten (z. B. Bodenbeläge und Tapeten entfernen) selbst erledigen. Die Entsorgung erfolgt auf Recycling- und Werkstoffhöfen. Professionelle Unternehmen sind bei der Entfernung von Putz, Estrich sowie dem Abriss von Wänden zur Grundrissänderung zu beauftragen.

Anschließend erfolgen das Verlegen von Elektrik, Sanitär, Heizung und Klima, der Trockenbau sowie das Tapezieren und Verlegen der Bodenbeläge ausschließlich durch professionelle Unternehmen. Schwarzarbeit ist nicht zu empfehlen, denn ein erhöhtes Risiko für Baupfusch und die fehlende Gewährleistungszeit sind entscheidende Nachteile. Abschließend wird auf Wunsch das Home-Staging durchgeführt.

Sie können Förderungen beim Staat, bei staatlichen Banken sowie regionalen Förderprojekten beantragen. Halten Sie sich immer auf dem Laufenden, denn die Förderungen senken die Höhe der Investitionen und das Risiko beträchtlich, während sie den Gewinn in die Höhe schrauben.

Handel mit Immobilien – Investor oder Gewerbe?

Beim Handel mit Immobilien haben Sie die Wahl zwischen einer Tätigkeit als Investor oder einem Gewerbe. Grundsätzlich gilt, dass Sie bei einem An- und Verkauf von **maximal drei Objekten innerhalb von fünf Jahren** als **Privatinvestor** durchgehen. Halten Sie die Immobilien sogar über einen Zeitraum von mehr als zehn Jahren (Spekulationsfrist), ehe Sie diese wiederverkaufen, so ist der Gewinn steuerfrei. Es gibt allerdings Ausnahmen von der beschriebenen 3-Objekt-Grenze. Falls in Ihrem Einzelfall auf Gewerbetätigkeit entschieden wird oder Sie **mehrere Objekte im Verlaufe weniger Jahre an- und verkaufen** möchten, um Immobilienhandel im großen Rahmen zu betreiben, führt kein Weg an der **Anmeldung eines Gewerbes** vorbei. Sobald dies eintritt, sind Sie nicht mehr nur Immobilieninvestor, sondern Unternehmer. Sie müssen Ihr Unternehmen mit allem, was dazugehört, führen: Bestimmung der Unternehmensform, Entrichtung der Steuern und Einreichen der Steuererklärungen, korrekte Buchführung etc. Welche **bürokratischen und organisatorischen Aspekte** Sie beim Handel mit Immobilien zu bewältigen haben, bringt Ihnen dieses Kapitel bei. Zuallererst werden Sie in Kürze in einen anderen relevanten Punkt des Handels an sich eingewiesen: Wie entscheiden Sie, welches Investment profitabel ist bzw. sein könnte, und wie treffen Sie die richtige Investitionsentscheidung? Wir müssen einen **genaueren Blick auf die Kaufnebenkosten** werfen, die bisher in diesem Buch nur eine Randnotiz waren.

Preisliches: Ankaufspreis, Nebenkosten, Verkaufspreis

Am Anfang eines Geschäfts steht dessen Mehrwert. Kein Investor oder Gewerbetreibender geht ein Geschäft ein, ohne darin eine Profitabilität zu erkennen. Während beim An- und Verkauf einer Gebrauchtware die Profitabilität auf einen oder zwei Blicke einschätzbar ist, sind bei einer Immobilie umfassende Kalkulationen notwendig. Gehen wir bei den Kostenfaktoren schrittweise vor ...

An erster Stelle steht der Ankaufspreis der Immobilie. Der **Ankaufspreis der Immobilie** wird vom Verkäufer festgelegt. Sie können mit dem Verkäufer oder dessen Makler verhandeln. Hierfür ist eine **Beurteilung des Preises** notwendig, die Sie anhand folgender Aspekte durchführen:

◆ Bodenrichtwerte zur Bestimmung des Grundstückspreises

Eine hilfreiche Anlaufstelle ist die Website „immobilienwertanalyse.de", die für jedes Bundesland Links zu weiterführenden Informationsseiten bereithält. Hier erfahren Sie, wie viel ein Grundstück wert sein könnte. Wertmindernde Faktoren für das Grundstück sind Ansprüche von Nachbarn auf die Nutzung, angedachte Baumaßnahmen in der näheren Umgebung, die den Wohnkomfort beeinträchtigen, und vor allem Altlasten auf dem Grundstück. Bei Stadtteilen und Gebieten, in denen Böden oftmals schadstoffbelastet sind, sollten Sie vor der Bewertung des Grundstücks eine Bodenbewertung durch einen Experten vornehmen lassen. Der Grundstückswert wird um die Kosten für die Beseitigung von Schadstoffen sowie einen pauschalen Wert für den Aufwand reduziert. Auch nicht gepflegte und verwilderte Grundstücke dürfen im Preis reduziert werden. Argumentieren Sie gegenüber dem Verkäufer, dass Kosten und Aufwand für Aufwertungsmaßnahmen anfallen, um eine Preissenkung zu erwirken.

◆ Immobilienwert

Die Immobilie, die auf dem Grundstück steht, macht neben dem Grundstück den Rest des Preises aus. Versichern Sie sich immer, dass es sich um eine legal erbaute Immobilie mit Genehmigung handelt. Auch Aus- und Umbauten sollten bekannt und genehmigt sein. Ansonsten wird nicht gekauft, weil eine Abrissverfügung durch die Behörden nur eine Frage der Zeit wäre. Der Immobilienpreis wird mit dem anderer Immobilien in einem vergleichbaren Zustand in derselben Gegend verglichen. Sind keine Immobilien in der Umgebung in vergleichbarem Zustand vorhanden, so können Immobilien zum Vergleich herangezogen werden, die in anderen Gebieten Deutschlands mit denselben Bodenrichtwerten liegen. Gibt es keinerlei Vergleichsmöglichkeit mit anderen Immobilien in vergleichbarem Zustand, weil die Immobilie z. B. komplett sanierungsbedürftig ist, so wählen Sie eine Immobilie in besserem Zustand und kalkulieren die Kosten, die es nach sich zieht, die Immobilie in den gleichen Zustand zu bringen. Damit sind wir beim nächsten Aspekt angekommen, nämlich den …

◆ Kosten der Aufwertungsmaßnahmen

Detailliert wurde Ihnen in diesem Buch erklärt, wie Sie Immobilien besichtigen, Kosten für Aufwertungen kalkulieren und sich für besondere Fälle wappnen, wie beispielsweise Asbestsanierungen oder den Ausbau der Immobilie. Kalkulieren Sie die Kosten ein, die Sie für die jeweiligen Maßnahmen erwarten, und prüfen Sie im Vergleich zu Immobilien in der Umgebung, ob der Kaufpreis der Immobilie zzgl. der zu erwartenden Aufwertungskosten gerechtfertigt ist.

Unterm Strich sollte für Sie eine Investition stehen, bei der Sie trotz des eventuellen Aufwands für die Aufwertung beim Ankauf und den neuerlichen Verkauf einen Gewinn machen. Bedenken Sie, dass der Ankaufspreis nicht nur dahingehend lohnend sein muss, dass sich die Immobilie zu einem höheren Preis wiederverkaufen lässt. Der Ankaufspreis sollte Ihnen **in Relation zum Verkaufspreis**

einen ordentlichen Gewinn bescheren! Ein Nullgeschäft, bei dem der Überschuss zwischen Ver- und Ankauf für die Arbeiten an der Immobilie „draufgeht", ist sinnlos.

Mit den in der Aufzählung genannten Aspekten handeln Sie den Ankaufspreis herunter und legen den gewünschten Verkaufspreis fest. Wenn Sie über den Verkaufspreis für die Immobilie nachdenken, sollten Sie im Kopf behalten, dass Sie **bei Verkauf den Ankauf, die Aufwertungsmaßnahmen und Ihren Aufwand refinanzieren und einen Gewinn erzielen** möchten. Ein Verkaufspreis, der diese Voraussetzungen erfüllt, ist korrekt. So machen Sie Gewinn.

Eine letzte Komponente, die mit der Immobilie an sich nichts zu tun hat, sondern mit deren Erwerb, sind die **Nebenkosten.** Diese müssen in die Rechnung ebenfalls einkalkuliert werden. Die Nebenkosten setzen sich zusammen aus:

- ♦ Grunderwerbssteuer
- ♦ Notarkosten
- ♦ evtl. Maklerprovision

Bei einer Tätigkeit als Investor oder im Falle eines Gewerbes dürfen Sie all diese Kosten von der Steuer absetzen. **Gewerbetreibende** geben die Kosten als **Betriebsausgaben** an, **Investoren** in ihrer privaten Steuererklärung als **Werbungskosten**. Achtung: Nutzen Sie die Immobilie zwischendurch als Eigenheim, dürfen Sie die Kaufnebenkosten nicht steuerlich absetzen! Mehr dazu erklärt Ihnen Ihr Steuerberater.

Sie dürfen als Händler von Immobilien also die Nebenkosten steuerlich absetzen, aber nichtsdestotrotz fallen die Kosten an. Die Tatsache, dass sie steuerlich absetzbar sind, mindert die Steuerlast, aber jede Ausgabe schmälert trotzdem den Gewinn. Also werden diese Kosten in die Überlegung über einen Ankauf der Immobilie einbezogen, um über die Lukrativität des Geschäfts zu entscheiden. Der **Verkaufspreis muss also zudem die Nebenkosten decken.**

Die **Grunderwerbssteuer** richtet sich nach dem Verkaufspreis der Immobilie und wird prozentual bemessen. Sie ist in jedem Bundesland anders:

Bundesländer	Grunderwerbssteuer in Bezug auf Verkaufspreis
Bayern, Sachsen	3,5 %
Hamburg	4,5 %
Baden-Württemberg, Bremen, Niedersachen, Rheinland-Pfalz, Sachsen-Anhalt	5,0 %
Berlin, Hessen, Mecklenburg-Vorpommern	6,0 %
Brandenburg, Nordrhein-Westfalen, Saarland, Schleswig-Holstein, Thüringen	6,5 %

Quelle: buhl.de

Auf genauere Angaben bezüglich der **Maklerprovision** in den einzelnen Bundesländern wird verzichtet, weil **ab Dezember 2020 in Deutschland ein neues Gesetz in Kraft** tritt. Dieses Gesetz entlastet in den meisten Bundesländern die Käufer, die dann nur noch 50 % der Maklerprovision tragen müssen. Den restlichen Anteil trägt der Verkäufer. Diese Regelung birgt für Sie als Käufer Vorteile. Als Verkäufer profitieren Sie nicht unbedingt, aber es steht Ihnen immerhin frei, beim Verkauf auf die Dienste eines Maklers zu verzichten. Informieren Sie sich ab Ende dieses Jahres für den Standort Ihrer Immobilie über den Anteil an Maklergebühren, den Sie tragen müssen, und rechnen Sie dementsprechend bei der Investition damit.

Zuletzt kommen noch die **Notarkosten**, die pauschal mit **2 % des Kaufpreises** einbezogen werden. Manchmal fallen die Kosten geringer aus und gehen gen 1 % Kaufpreisanteil. Kalkulieren Sie aber am besten mit dem Wort-Case von 2 %. Denn wieder gilt, wie immer: Lieber positiv von geringeren Kosten überrascht werden als negativ von höheren Kosten.

Am Ende lautet die **Zauberformel** – die Zauberformel, mit der Sie bestimmen, ob die Investition lukrativ ist, der An- und Verkauf Ihnen Gewinn bescheren wird und der Ankauf preiswert ist – wie folgt:

Voraussichtl. Verkaufspreis – Ankaufspreis – Nebenkosten – Kosten für Sanierung, Renovierung, Modernisierung, Umbau, Ausbau = Überschuss bzw. Gewinn, der für Sie zufriedenstellend ist

Gewerblicher Handel mit Immobilien

Wesentliches Merkmal zur Klärung der Frage, ob Immobilien gewerblich gehandelt werden, ist die 3-Objekte-Grenze. In einem **Zeitraum von fünf Jahren** dürfen **maximal drei Objekte, die der Gruppe der Immobilien angehören**, angekauft und verkauft werden. Zur Gruppe der Immobilien gehören nicht nur Gebäude, sondern ebenso Grundstücke ohne Gebäude. Den Gebäuden wiederum gehören sogar Garagen an. Eigenlandparzellen sind ebenfalls mit inbegriffen. Gepachtete Parzellen wiederum fallen aus der Wertung raus.

Hinweis!

Selbst, wenn Sie sich an einer Gesellschaft beteiligen, die Immobilienankauf und -verkauf nebenbei betreibt, kann im Rahmen der 3-Objekt-Grenze ein Objekt zugerechnet werden. Dann wird die Gesellschaft als gewerblicher Handel für Immobilienankauf und -verkauf betrachtet.

Für die 3-Objekt-Grenze existieren diverse Sonderregelungen und Abweichungen. Zudem ist sie kein explizit formuliertes, eingeständiges Gesetz. Bei der 3-Objekt-Grenze handelt es sich um eine **Bemessungsgrundlage**, die der Gesetzgeber nutzt, um über einen gewerblichen Handel mit Gewinnerzielungsabsicht zu entscheiden. Falls Sie einen regelmäßigen Immobilienankauf und -verkauf planen, ohne zwischendurch eine **längere Haltedauer von am besten zehn Jahren** (siehe 3.3) durch Selbstnutzung oder Vermietung zu erzielen, müssen Sie ein Gewerbe anmelden und die damit verbundenen Pflichten annehmen, die in diesem Unterkapitel 3.2 erläutert werden.

Möchten Sie langfristig Immobilien ankaufen und verkaufen und die 3-Objekt-Grenze umgehen, so lassen Sie sich bestenfalls von einem Fachanwalt oder Steuerberater diesbezüglich beraten.

Hinweis: Grundsätzlich ist für alle folgenden Ausführungen zu beachten, dass die Betreuung durch einen Steuerberater oder Fachanwalt unentbehrlich ist. Sie werden lediglich in Grundzügen in den gewerblichen Grundstückshandel eingewiesen.

Unternehmensform

Als Unternehmensformen für den gewerblichen Immobilienhandel kommen ein Einzelunternehmen/Einzelgewerbe und eine Gesellschaft, die in mehreren Sub-Formen vorliegen kann, in Frage. Ein **Einzelunternehmen** lässt sich aufgrund der Berufs- und Gewerbefreiheit im deutschen Gesetz **ohne Barrieren gründen**:

- Gründung durch einzelne Person und Führung unter deren Namen
- kein erforderliches Mindestkapital
- Anmeldung des Gewerbes über das Ordnungsamt in Verbindung mit einer kleinen Gebühr von knapp 30 € (das Ordnungsamt informiert das Finanzamt über die Anmeldung)
- in der Immobilienbranche bestehen keine weiteren Zulassungs- und Meldepflichten
- eine Eintragung im Handelsregister ist nicht verpflichtend, aber als eingetragener Kaufmann „e. K." möglich

Eine **Pflichteintragung in ein Handelsregister** kann ab einer **bestimmten Höhe des jährlichen Umsatzes** und einer **bestimmten Menge an Mitarbeitern** sowie bei einigen weiteren Kriterien verlangt werden. Dann muss unter Umständen auch die Unternehmensform geändert werden. Was im entsprechenden Fall Sache ist, wird sich in Ihrem individuellen Fall zeigen, sobald es soweit ist.

Die **Gründung einer Gesellschaft** ist bei Verpflichtung durch das Amt erforderlich oder kann freiwillig direkt zu Beginn oder jedem anderen Zeitpunkt erfolgen. Gesellschaften sind **bei Zusammenschlüssen mehrerer Unternehmer immer verpflichtend**, wobei die Anteile an der Gesellschaft vermerkt werden müssen. Bei einer Gesellschaft können sich die Unternehmer/Anteilseigner selbst anstellen und sich Gewinne in Form eines Gehalts auszahlen. Auch ist eine Auszahlung in Form von Beteiligungen am Gewinn möglich, wobei sich die Beteiligungen am jeweiligen Anteil jedes Unternehmers an der Gesellschaft richten. Es steht den Anteilseignern ebenso frei, sich nicht anzustellen und für die Geschäftsführung sowie weitere Posten externe Personen zu einem festen Gehalt anzustellen.

Die **Vorteile einer Gesellschaft** liegen in der **Haftungsbeschränkung**. Es wird nicht wie beim Einzelunternehmer mit dem privaten Vermögen gehaftet, sondern mit dem des Unternehmens. Unterscheiden tun sich die einzelnen Gesellschaften am deutlichsten hinsichtlich ihrer Barrieren bei der Gründung und den Möglichkeiten, die sie in der Folgezeit mit sich bringen.

Die Barrieren bei der Gründung einer Aktiengesellschaft sind die höchsten, was sich u. a. in dem Startkapital in Höhe von 50.000 Euro äußert. Zudem existieren hohe Auflagen. Vorteile einer AG sind die einfachere Kapitalbeschaffung über den Kapitalmarkt durch die Herausgabe (Emission) von Aktien.

Die Gründung einer **GmbH** kostet 25.000 € und hat den Vorteil, das Ansehen des Unternehmen zu erhöhen. GmbHs werden **von Kunden als professionell aufgefasst**. Die UG kostet 1 Euro pro Anteilseigner am Startkapital und ist das Pendant zur Limited aus Großbritannien. Die formalen Hürden sind die geringsten, die Vorteile allerdings ebenso.

Empfehlung für den Immobilienhandel: Für den Anfang empfehlen sich von den gesellschaftlichen Unternehmensformen die UG oder GmbH. Einzelunternehmer hingegen, die über ein begrenztes Kapital verfügen und sich die Möglichkeit offenhalten möchten, nicht als gewerblicher Händler eingestuft zu werden, tun gut daran, sich für ein Einzelunternehmen zu entscheiden.

Weil die GmbH unter den Gesellschaften ein beliebter Mittelweg ist, werden einige tiefergehende Informationen zur GmbH vermittelt, um Ihnen einen besseren Eindruck zu gewähren. Wie schon erwähnt, ist die **Haftung bei einer GmbH rein auf die Gesellschaft beschränkt.** Bei der Besteuerung ergeben sich häufig Vorteile, weil anstelle der Einkommenssteuer wie bei einem Einzelgewerbe die Körperschaftssteuer anfällt. Unter der Annahme, dass Personen, die über das Budget für die Gründung einer GmbH verfügen, hohe fünf- oder bereits sechsstellige Gewinne im Jahr generieren, ist der **feste Steuersatz der Körperschaftssteuer von 15 %** vorteilhaft. Bei der Gründung bietet die GmbH viel Gestaltungsspielraum:

- Das erforderliche Mindestkapital von 25.000 € kann in Form von Sachvermögen eingebracht werden.

- Für den Gesellschaftervertrag bestehen lockerere Vorschriften als bei anderen Gesellschaftsformen.

- Es ist eine Ein-Mann-GmbH möglich, die nur einen Inhaber hat, der zugleich Geschäftsführer ist.

Die Gesellschafter selbst genießen ebenfalls umfassende Vorteile. Sie können ohne Umstände gewechselt werden, was sich bei einer AG wesentlich komplizierter gestaltet. Ferner können sich die Gesellschafter selbst anstellen; auch nur temporär, wenn es aus steuerlichen Gründen in einem bestimmten Jahr Sinn ergibt. Der Verkauf des Unternehmens zum Teil oder komplett ist ebenfalls einfacher umzusetzen als bei anderen Unternehmensformen.

Kommen wir von den beschriebenen vorteilhaften Eigenschaften zu den Nachteilen, die bei dem erforderlichen Kapital anfangen. Es sind **25.000 € Mindestkapital** in der Gesellschaft notwendig, wobei die Hälfte des Kapitals eingezahlt werden muss. Eine **strikte Trennung des Vermögens der GmbH von dem des Gesellschafters / der Gesellschafter** muss vorhanden sein, was Komplikationen in der Buchführung mit sich bringt. Ein separates Geschäftskonto ist erforderlich, zudem kann mit pauschal mindestens 2.000 € jährlichen Kosten für die Buchführung und den Steuerberater gerechnet werden. Bei der **Gründung** fallen **Kosten für den Notar** an. Mit der notariellen Bekundung beginnt eine Reihe an Formalitäten, die für die GmbH und höhere Gesellschaftsformen gelten: Gewinnausschüttungen müssen akkurat dokumentiert werden, Veröffentlichungen der Bilanzen und Buchführungen sind verpflichtend und weitere Regularien fallen an. Geschäftsführer und andere hohe Funktionäre müssen bei Verstößen gegen diese Pflichten mit einer strafrechtlichen Verfolgung rechnen.

Hinweis!

Wo das Gesetz Freiheiten verschafft, nehmen die Banken diese gelegentlich wieder weg: Einige Banken verlangen bei der Gründung einer GmbH selbstschuldnerische Bürgschaften von den Gesellschaftern. Dadurch entfällt der Vorzug der GmbH, der besagt, dass nicht mit dem privaten Vermögen gehaftet wird. Suchen Sie daher eine Bank, bei der Sie nicht zu Bürgschaften verpflichtet werden.

Die **Nachteile sind weitestgehend umgangen,** wenn Sie die **Pflichten mit Verantwortungsbewusstsein wahrnehmen.** Durch eine Vorgehensweise im Sinne des Gesetzes bei der Buchführung und Rechnungslegung sorgen Sie dafür, dass der Großteil der Risiken entfällt. Wenn Sie sich allerdings über das Gesetz stellen, bekommen Sie die Nachteile einer GmbH deutlich zu spüren. Handeln Sie verantwortungsbewusst und spannen Sie einen Steuerberater ein! Dadurch machen Sie die GmbH unterm Strich zu einem Vorteil. Wagen Sie trotzdem erst den Schritt zu einer GmbH, sobald Sie von der erfolgreichen Ausübung Ihrer Tätigkeit im Immobilienhandel überzeugt sind.

Steuern

Bei einem Einzelgewerbe, also keiner Gesellschaft, sind in Deutschland die möglichen Steuern die Einkommenssteuer, Umsatzsteuer und Gewerbesteuer. Die Gewerbesteuer fällt aufgrund der Tatsache an, dass der An- und Verkauf – egal, um welche Objekte es sich handelt – immer als eine gewerbliche Aktivität betrachtet wird. Ein Gegenteil zur gewerblichen Handlung wäre die freiberufliche Tätigkeit. Freiberufler sind Personen wie Architekten und Künstler. An- und Verkauf wird vom Finanzamt immer als Gewerbe bewertet, woran sich unter keinen Umständen etwas ändern lässt. Die **Gewerbesteuer** beträgt **3,5 %** und wird als Gemeindesteuer **für jedes Bundesland zusätzlich mit einem individuellen Hebesatz versehen, der die Steuer schlimmstenfalls auf 15 % der Gewinne anhebt.**

Neben der Gewerbesteuer, die definitiv Pflicht ist, existiert die Umsatzsteuer, die optional ist. Laut § 4 Nr. 9a sind sämtliche Umsätze, die unter das Grunderwerbssteuergesetz fallen, umsatzsteuerfrei. Sie haben die Option, die **Umsatzsteuer freiwillig zu beantragen.** Dann müssen Sie **19 % der Umsätze an das Finanzamt entrichten.** Diese Umsätze gehen nicht von Ihrem Verkaufswert verloren, sondern werden zusätzlich auf den Verkaufspreis aufgeschlagen. Bei einem Verkauf von Gewerbeimmobilien ist die Umsatzsteuer vorteilhaft, weil Sie einerseits die Vorsteuer von Handwerksleistungen und sonstigen Investitionskosten geltend machen, andererseits die Käufer den Immobilienkauf von ihrer Vorsteuer abziehen. Der **Verkauf an Privatpersonen ist mit Umsatzsteuer jedoch erschwert.** Denn Privatpersonen haben keine Möglichkeit, die Umsatzsteuer steuerlich abzuziehen und müssen 19 % auf den eigentlichen Verkaufspreis draufzahlen. Somit gilt: An Privatpersonen lieber umsatzsteuerfrei verkaufen, an gewerbliche Käufer am besten mit Umsatzsteuer.

Beispiel

Mit der Vorsteuer und dem Nutzen einer eventuellen Umsatzsteuer verhält es sich wie folgt: Ein Handwerker stellt Ihnen für seine Dienstleistung eine Rechnung über 3.000 € Netto aus. Weil er umsatzsteuerpflichtig ist, schlägt er zusätzlich auf diesen Preis 19 % drauf, sodass Sie 3.570 € Brutto zahlen müssen. Sind Sie umsatzsteuerfrei, dann können Sie die zusätzlichen 19 %, also die 570 €, steuerlich nicht absetzen. Sie können später in Ihrer Einkommenssteuererklärung nur die 3.000 € Netto-Betrag geltend machen. Beantragen Sie die Umsatzsteuerpflicht, können Sie die anfallenden Vorsteuern geltend machen. Dies ist dann sinnvoll, wenn Sie selbst mit Umsatzsteuer verkaufen oder nicht mit Umsatzsteuer verkaufen, aber zu Beginn mehrere Monate lang hohe Investitionen und Verluste haben, wie es bei einer Geschäftsaufnahme üblich ist. Sie erhalten mit jeder eingereichten Umsatzsteuererklärung oder Umsatzsteuervoranmeldung die Verluste aus der Umsatzsteuerzahlung erstattet. Gewinne müssen Sie an das Finanzamt abführen. Bei der Entscheidung für oder gegen die Umsatzsteuer ist zu berücksichtigen, dass die Pflicht zur Umsatzsteuer – einmal angenommen – nicht mehr annulliert werden kann.

Es verbleibt noch die **Einkommenssteuer beim Einzelgewerbe.** Wenn das Gewerbe zu 100 % Ihnen gehört, was bei einem Einzelgewerbe der Fall ist, müssen Sie auf die volle Höhe der Gewinne nach Zahlung der eventuellen Umsatzsteuer und Abzug der Gewerbesteuer die Einkommenssteuer zahlen. Die Einkommenssteuer dient der **Besteuerung Ihres Einkommens als Privatperson.** Sie können die Kosten für die Krankenversicherung, gesetzliche Rentenversicherung sowie andere abzugsfähige Kosten im Privatleben geltend machen, müssen anschließend auf Ihren privaten Gewinn aber die Einkommenssteuer zahlen. Diese ist jedes Jahr anders, richtet sich nach der Höhe Ihres Verdienstes, der Frage, ob Sie verheiratet sind oder nicht, und Ihrer Steuerklasse. Sie **umfasst Einkommenssteuer, Kirchensteuer (bei Kirchenzugehörigkeit) sowie den Solidaritätszuschlag.** Näheres entnehmen Sie Ihrem Jahresgewinn als Privatperson, den Ihr Steuerberater errechnet, und den Einkommenssteuertabellen für jedes Jahr, die Sie im Internet finden.

Eine Besonderheit bei der Besteuerung des gewerblichen Handels mit Immobilien bildet die Wahl einer **Gesellschaft als Unternehmensform.** Gesellschaften unterliegen der **Gewerbesteuer** und **bei Wahl der Umsatzsteuer,** aber nicht der Einkommenssteuer. Weil es sich um kein Einzelgewerbe handelt, sondern eine juristische eigenständige Person, werden ersatzweise **15 % Körperschaftssteuer** auf den zu versteuernden Gewinn fällig.

Belege und Steuererklärungen

Es kann nur das steuerlich abgesetzt werden, wofür auch Belege existieren. Dies ist neben der Gewährleistung und Sicherheit übrigens ein weiterer Grund dafür, auf Schwarzarbeiten an der Immobilie zu verzichten. **Belege werden gesammelt und abgeheftet.** Je nachdem, wann sie in Zusammenhang mit den Steuererklärungen fällig werden, werden sie eingereicht. Hierum kümmert sich normalerweise der Steuerberater; es sei denn, Sie reichen die Steuererklärungen selbst ein. In diesem Fall ist zu beachten, dass die Umsatzsteuererklärungen verschiedenen Fristen unterliegen. Während die Einkommenssteuererklärungen und die EÜRs (Einnahmen-Überschuss-Rechnungen) einmal jährlich fällig werden, können die Umsatzsteuererklärungen ebenfalls einmal jährlich, aber auch vierteljährlich oder monatlich anfallen. Die **Häufigkeit der Umsatzsteuererklärungen richtet sich nach der Höhe der Zahllast** im vergangenen Geschäftsjahr – also wie hoch die zu entrichtenden Umsatzsteuern waren:

Zahllast aus dem vergangenen Geschäftsjahr	Häufigkeit der Umsatzsteuererklärung im laufenden Geschäftsjahr
bis 1.000 €	Jährliche Erklärung; eingereicht bis Ende des ersten Quartals des darauffolgenden Jahres
1.000 bis 7.500 €	Vierteljährliche Erklärung; man spricht von Voranmeldung
> 7.500 €	Monatliche Erklärung; auch hier eine Voranmeldung

Mit den Umsatzsteuerunterlagen werden die Belege eingereicht, wobei die eigenen Einnahmen und Ausgaben aufgeführt werden, für die eine Umsatzsteuer zu zahlen war. Wenn Sie in einem Monat keine Immobilie verkauft haben, haben Sie auch keine Umsatzsteuer eingenommen. Hatten Sie stattdessen Investitionskosten für Handwerker zu tragen, so machen Sie die Kosten steuerlich geltend, indem sie diese aufführen. Sie erhalten den Verlust vom Finanzamt erstattet. Bei Überschüssen müssen Sie diese ans Finanzamt überweisen.

Für die Einkommensteuererklärung gilt ein umfassenderes Verfahren, weil sie hier zusätzlich die Belege aus Ihren privaten Kosten

(z. B. Arbeitszimmer, Krankenversicherung, staatlich geförderte Altersvorsorge) absetzen dürfen. Zudem müssen Sie, falls vorhanden, andere Einkunftsquellen angeben. Zur Einkommenssteuererklärung existieren Anlagen, die Ihnen das Ausfüllen näher erklären. Anderweitig sollten Sie sich im Internet auf renommierten Seiten von Fachanwälten und Steuergesellschaften sowie auf Internetseiten des Staates darüber informieren, wie Sie die Steuererklärung sachgemäß ausfüllen.

Die **Belege**, die ausgestellt und eingereicht werden, müssen **sachgemäß ausgefüllt** sein. Prüfen Sie die Rechnungen der Gewerke und Dienstleister auf **Vorhandensein der Steuernummer oder Umsatzsteuer-ID**. Zudem muss ein korrekter Ausweis der Kostenposten gegeben sein. Materialkosten müssen klar von den handwerklichen Dienstleistungen getrennt aufgeführt sein. Stellen Sie selbst Rechnungen aus, dann achten Sie auf die Angabe Ihrer Umsatzsteuer-ID oder, falls umsatzsteuerfrei, der persönlichen Steuernummer.

Spekulationssteuern umgehen – zehn Jahre Haltedauer?

Bei **Immobilienverkäufen** gilt ein **zehnjähriger Zeitraum, in dem die Gewinne aus dem An- und Verkauf versteuert werden müssen.** Dies betrifft auch private Investoren, die nur eine Immobilie im Verlaufe von bis zu zehn Jahren an- und verkaufen. Der Zeitraum wird als Spekulationsfrist bezeichnet. Wer eine Immobilie oder Sache kauft und wertsteigernd in unter zehn Jahren wiederverkauft, könnte darauf spekuliert haben, dass die Immobilie an Wert gewinnt. In diesem Sinne werden darauf Steuern erhoben, wobei von Spekulationssteuern die Rede ist.

Wenn Sie **gewerblich** handeln, dann fällt für Sie **keine Spekulationssteuer** an. Sie zahlen entweder Einkommens- und Gewerbesteuer (bei Einzelgewerben) oder Körperschafts- und Gewerbesteuer (bei Gesellschaften). Sie müssen alles, was Sie an- und verkaufen, versteuern.

Private Investoren sind per se keiner Steuerpflicht für den An- und Verkauf unterworfen. Ob Steuern anfallen, hängt zum einen von der Haltedauer der Immobilie ab. Wenn Sie eine Immobilie ankaufen und diese **nach zehn Jahren Haltedauer** wiederverkaufen, müssen Sie **keine Steuern auf die Gewinne** zahlen. Sie haben die Spekulationssteuer umgangen. Ein Verkauf der Immobilie innerhalb der Spekulationsfrist zieht die Zahlung von Spekulationssteuern nach sich. Wie hoch die Spekulationssteuer ist, errechnet sich aus dem persönlichen Steuersatz, der auf das sonstige Einkommen draufgerechnet wird. Wenn Sie im Jahr, in dem Sie die Immobilie verkaufen, 45.000 € verdienen und zusätzlich durch den Immobilienverkauf einen Gewinn von 30.000 € machen, wird dies zu 75.000 € persönlichem Einkommen zusammengerechnet. In diesem Falle würden Sie unter die Spitzensteuer fallen und beträchtliche Abgaben an den Staat entrichten müssen. Die **Spekulationssteuer** hat **aufgrund der potenziell hohen Gewinne beim Immobilienhandel oftmals radikale Auswirkungen auf den persönlichen Steuersatz.** Sie sollte, wenn möglich, immer umgangen werden.

Hinweis!

Selbst wenn geplant ist, die Immobilie nach zehn Jahren Haltedauer steuerfrei zu verkaufen, kann es durch persönliche finanzielle Nöte oder aus anderen triftigen Gründen notwendig werden, die Immobilie früher zu verkaufen. Für diesen Fall sollten Sie sich rüsten, indem Sie alle Belege für Kosten sammeln, die Sie in Zusammenhang mit der Immobilie zu tragen hatten. Denn falls Sie steuerpflichtig werden, können Sie als Privatinvestor alle Kosten absetzen, die Sie im Zusammenhang mit der Immobilie zu tragen hatten: Renovierungs-, Sanierungs- und Modernisierungskosten, Maklergebühren u. v. m. So gelingt es Ihnen unter Umständen, den Gewinn aus dem Geschäft so zu senken, dass die Steuern gering ausfallen.

Wenn Sie innerhalb von zehn Jahren mehrere Immobilien an- und verkaufen und Sie dies von vornherein wissen, lohnt sich die Anmeldung eines Gewerbes. Falls Sie als Privatinvestor tätig sind und erst nach zehn Jahren die Immobilie verkaufen, müssen Sie die Zeit bis dahin überbrücken. Weil Leerstand für die Immobilie schädlich und für Ihren Geldbeutel nicht profitabel ist, tun sich zwei Optionen auf. Bei einer einzigen Immobilie können Sie diese selbst beziehen, was aber bei den meisten Investoren keine Option sein wird. Unabhängig davon, wie viele Immobilien Sie halten, ist die **zwischenzeitliche Vermietung** vorteilhaft. Sie generieren durch die Mieteinnahmen passives Einkommen. Die Mieter halten die Immobilie instand. Im Verlaufe der Jahre können Sie die Miete mehrmals erhöhen. Zudem können Sie als Vermieter mehrere steuerliche Vorteile geltend machen. Falls Sie die Immobilie vermieten, lohnt es sich zudem, die Förderungen über längere Zeiträume zu erstrecken. Wie Sie aus Kapitel 2.3 über die Förderungsoptionen wissen dürften, sind vor allem die Kredite der KfW über einen Zeitraum von bis zu zehn Jahren erstreckbar. Während sich diese langen Zeiträume beim An- und Verkauf mit kurzfristigen Haltedauern nicht lohnen und eine vorzeitige Sondertilgung des gesamten Kredits fällig wird, profitieren Sie bei einer langfristigen Haltedauer der Immobilie von einer schrittweisen Rückzahlung der Kreditsumme, wie es vom Kreditgeber vorgesehen ist.

Wie verkaufen?

Beim Handel mit Immobilien verbleiben an dieser Stelle **nur noch zwei Fragen zur Klärung**:

1. Wie finden Sie Immobilien, die für eine Investition in Frage kommen?
2. Wie verkaufen Sie die Immobilien, in die Sie investiert haben?

Die Antworten auf die zweite der Fragen erörtern wir in diesem Kapitel, weil Sie kürzer zu klären ist. Der ersten Frage widmen wir das gesamte Kapitel 4 im Anschluss. Zum Verkauf gehört nicht viel – aber das, was dazugehört, muss richtig gemacht werden! Nachdem die Immobilie gefunden, angekauft und aufgewertet wurde, beginnt der **gesamte Verkaufsvorgang** mit der Fotografie der Immobilie. Wichtige Unterlagen und die Eckdaten der Immobilie (u. a. Wohnfläche, Grundstücksfläche, Zimmeranzahl, Baujahr,

Energieausweis) sollten bereits aus den Renovierungs-, Sanierungs- und Modernisierungsmaßnahmen vorliegen. All diese Dinge werden zu einem Exposee zusammengestellt, das den Verkaufspreis enthält, und anschließend vermarktet. Entweder Sie lassen all das über einen professionellen Makler durchführen oder Sie nehmen die Geschicke selbst in die Hand.

Über Makler

Die Vorteile eines Immobilienverkaufs über den **Makler** sind zunächst in dessen **Erfahrungswerten** gegeben. Aus Erfahrungswerten ergibt sich zunächst Sicherheit im Verkauf. Sie werden durch den Makler über rechtliche Pflichten eines Verkäufers (siehe 3.4.2) informiert. Dies beugt Konsequenzen im Nachhinein vor, die bis zur Rückabwicklung des Kaufvertrags reichen können.

Weitere Vorteile eines Maklers liegen in dessen **Professionalität**. Sein Job ist es, Immobilien zu verkaufen. Diesen Job erfüllt er aufgrund seiner Ausbildung und Berufserfahrung besser als ein Laie. Er ist versiert darin, **Exposees professionell zu gestalten**. Er rückt mit einer teuren Kamera an, verfügt über kostspielige Grafikprogramme zur Gestaltung der Grundrisse und hat eigene Datenbanken. Durch die Nutzung seiner im Laufe der Jahre aufgebauten Vertriebswege kann der Verkauf der Immobilie meistens beschleunigt werden. Sollten Sie die **Immobilie zwischenzeitlich vermieten** wollen, dann **hilft der Makler bei elementaren Fragen zur Zahlkräftigkeit des Mieters**; Bonitätsprüfungen und SCHUFA-Abfragen inklusive. Außerdem erstellt er Mietverträge in Absprache mit Ihnen.

Alles in allem senkt ein Makler Ihren Aufwand bei dem eigenständigen Verkauf einer Immobilie erheblich. Außerdem sind Kunden in Konversationen mit einem Makler häufig gesprächsbereiter, was Ihnen wichtige Aufschlüsse über die Meinungen der Kunden über Ihre Immobilie liefert.

Beispiel

Der Erfahrung nach nehmen die Kunden den Makler als einen Mittler zwischen sich und dem Verkäufer war. Sie sind eher bereit, über Mängel und Vorzüge einer Immobilie zu sprechen, als im direkten Kontakt mit dem Verkäufer. Dadurch erhalten Sie als Verkäufer von Ihrem Makler hilfreiche Hinweise über die Immobilie, woraus sich dann Maßnahmen zur besseren Vermarktung ableiten lassen.

In Relation zu seinem Nutzen ist der Makler günstig; vor allem in Anbetracht der Tatsache, dass er **provisionsbasiert vergütet** wird und eine **Provision nur im Falle eines Verkaufs** anfällt. Je nach Bundesland teilen Sie sich die Provision für den Makler, müssen diese komplett übernehmen oder der Käufer übernimmt die Provision komplett. Mehr dazu erfuhren Sie in Unterkapitel 3.1.

Eigenständiger Weg mit Vermarktung

Beim eigenständigen Weg müssen Sie all das übernehmen, wofür ansonsten der Makler vorhanden wäre. Im Gegenzug **ersparen Sie sich und/oder den Kunden die Zahlung der Maklerprovision.** Ihre Aufgaben beginnen beim **Erstellen eines Verkaufsexposees.** Dieses müssen Sie mit Fotos anreichern, die Sie mit einer Weitwinkel-Kamera erstellen. Seien Sie selbstkritisch bei der Fotografie und variieren Sie verschiedene Lichtkonzepte, um die Immobilie ideal zu inszenieren. Erstellen Sie den **Grundriss entweder händisch oder mittels Programm.** Spezielle Programme wirken professionell, kosten aber Geld. Eine händische Zeichnung reicht meist aus, sofern Sie sorgfältig und gut lesbar angefertigt wird. Wichtige Angaben zur Immobilie sind im Exposee stichpunktartig zu notieren. Es besteht eine **Energieausweispflicht**, wobei Sie die Wahl zwischen einem Bedarfs- und Verbrauchsausweis haben; außer in den seltenen Fällen, dass der Bedarfsausweis vorgeschrieben ist. Falls Sie die Immobilie energetisch saniert haben, ist der Bedarfsausweis notwendig, weil nach der Sanierung der Verbrauchsausweis ungültig ist. Die größte Herausforderung kommt auf Sie bei der **Verfassung eines verkaufsstarken Textes im Exposee** zu. Sie sollten die Kunden zum Träumen anregen, damit sich die Immobilie leichter verkauft. Falls Sie keine Person der starken Worte sind, sollten Sie einen Autor mit der Verfassung eines Verkaufsexposees beauftragen; hierfür kommen auf Sie vergleichsweise geringe Kosten zu.

Die Erstellung eines Exposees dient der Vermarktung einer Immobilie, für die Sie ohne Makler nicht dessen **Vermarktungswege** nutzen. Sie haben am Anfang Ihrer Tätigkeit als Investor definitiv weniger Möglichkeiten als der Makler. Neben **Aushängen**, wo welche erlaubt sind, verbleiben Ihnen **kostenpflichtige Inserate in Zeitungen und im Internet**. Bestimmte Plattformen, wie z. B. Ebay Kleinanzeigen, sind kostenfrei. Es spricht nichts dagegen, diese Plattformen als Vermarktungsweg zu nutzen. Definitiv sollten Sie kostenpflichtige und spezialisierte Immobilienplattformen im Internet ebenfalls gebrauchen: Immonet, Immobilienscout, Immoverkauf24 und weitere, die auf dem Markt populär sind.

Legen Sie den **Ausgangspreis 5 bis 8 % über dem tatsächlichen und bestenfalls von einem Experten geschätzten Verkaufswert** fest. Angebote darüber verzeichnen meist eine stark verringerte Nachfrage, bei Angeboten darunter besteht für Sie wenig Verhandlungsspielraum. Verschaffen Sie sich und den Kaufinteressenten mit einem Preis von bis zu 8 % oberhalb des tatsächlichen Verkaufswertes den Komfort, zu feilschen. So erscheinen Sie den Kunden gegenüber als entgegenkommend und die Kunden bekommen das Gefühl, ein gutes Geschäft gelandet zu haben.

> ## Tipp!
>
> Wenn Sie gewerblich mit Immobilien handeln, sollten Sie sich nicht den Vertriebsweg über ein eigenes Büro entgehen lassen. Durch Förderungen für Unternehmen, wie im Kapitel 2.3.7 kennengelernt, lässt sich die Miete und Ausstattung des Büros über mehrere Jahre lang finanzieren. Im Gegenzug haben Sie einen Standort, wodurch Ihr Unternehmen professioneller wirkt. Zudem gewinnen Sie Laufkundschaft. Exposees können hier ausgehangen werden – so, wie es Maklerbüros und Bankfilialen machen.

Weitere Aspekte müssen Sie bei der Besichtigung einer Immobilie abdecken: Hierzu gehört u. a. die Kenntnis über den Bodenrichtwert für Ihre Umgebung. Den Bodenrichtwert erfahren Sie im Internet, indem Sie „Stadtname + Stadtteilname + Bodenrichtwert" bei Google suchen. Die Kunden könnten mit dem Bodenrichtwert argumentieren, um den Kaufpreis zumindest im Hinblick auf den Grundstückswert zu drücken. Es ist außerdem hilfreich, wenn Sie den Kunden Informationen zu Bebauungsplänen geben. Liegen bereits Genehmigungen für den Ausbau des Dachgeschosses vor, so ist dies ein Pro-Argument für den Kauf der Immobilie.

Zusammenfassung

Es gibt drei Wege, um eine Tätigkeit im Immobilienhandel aufzunehmen.

Weg 1: Wenn Sie im Rahmen der 3-Objekte-Grenze verbleiben, sind Sie als Privatinvestor tätig. Behalten Sie eine Immobilie länger als 10 Jahre, wobei Sie diese zwischendurch selbst bewohnen oder vermieten können, ist der Gewinn aus der Veräußerung steuerfrei. Weil man nie weiß, was im Leben passiert, sollten Sie trotzdem die Belege von allen in Verbindung mit der Immobilie entstehenden Kosten sammeln, um bei einer Steuerpflicht die Kosten absetzen zu können und die Steuerlast zu reduzieren.

Weg 2: Sie entschließen sich von vornherein für einen gewerblichen Immobilienhandel, weil Sie mehrere Immobilien in kürzeren Zeiträumen (unter fünf Jahren) an- und verkaufen möchten. Durch ein angemeldetes Gewerbe sind Sie der Steuerpflicht unterworfen, können aber auf Anhieb die Kosten absetzen. Zudem ist es möglich, dass Sie eine Gesellschaft gründen und sich selbst anstellen. In diesem Falle haften Sie nicht mit Ihrem Privatvermögen, sofern das Unternehmen insolvent wird. Sie müssen in jedem Fall die Gewerbesteuer zahlen, optional die Umsatzsteuer und bei Gesellschaften die Körperschaftssteuer oder bei einem Einzelgewerbe die Einkommensteuer. Die Zusammenarbeit mit einem Steuerberater ist unerlässlich.

Weg 3: Sie legen sich auf keinen der beiden Wege fest, sondern pro-
bieren zunächst an ein oder zwei Immobilien aus, wie das Geschäft
funktioniert. Anschließend entscheiden Sie sich für ein Modell. Sie
vermarkten die Immobilien entweder über einen Makler oder selbst.
Beim Handel in größerem Rahmen oder wenig verfügbarer Zeit ist
stets empfohlen, mit einem Makler zusammenzuarbeiten. Dieser ist
professionell, wird nur im Verkaufsfall vergütet und verfügt über Erfahrung auf seinem Gebiet.

Wo finden sich geeignete Immobilien?

Nachdem eingehend betrachtet wurde, wann eine Immobilie für die Fix-and-Flip-Strategie bei schlechtem Zustand sowie den An- und Verkauf bei gutem Zustand geeignet ist, haben Sie die Kompetenzen, geeignete Immobilien zu suchen. Für einen leichten Suchvorgang ist die Kenntnis über gewisse Anlaufstellen vorteilhaft. **Fünf wichtige Anlaufstellen** werden in diesem Kapitel vorgestellt. Auf diesem Wege wird Ihnen der Einstieg in das Immobiliengeschäft vereinfacht. Sie **senken nämlich das Risiko, Energie in wenig effektive Beschaffungsversuche zu stecken.** Stattdessen werden Sie dank der Informationen in diesem Kapitel imstande sein, sich Ihre präferierten Beschaffungswege für Immobilien herauszusuchen. Es ist Ihnen überlassen, sämtliche Quellen für die Immobiliensuche anzuzapfen, um Ihren Aktionsradius zu vergrößern. Denn je mehr Beschaffungswege Sie gebrauchen, umso größer wird die Auswahl an verfügbaren Immobilien sein, die Sie zu Ihren Zwecken nutzen können.

An erster Stelle: Investitionsstrategie entwickeln

Bevor Sie sich für Anlaufstellen entscheiden, ist es empfehlenswert, wenn Sie ein **individuelles Konzept für Ihre Tätigkeit entwickeln.** Das individuelle Konzept sollten Sie so für sich festlegen, dass sich Ihre Maßnahmen zur Immobiliensuche und der Immobilienerwerb stimmig eingliedern. Vor allem sollte das Konzept **mit Ihren finanziellen Möglichkeiten zu stemmen** sein. Wenn Sie mit einer Kreditaufnahme bis zu 300.000 € Budget verfügbar haben, ist es am besten, sich auf eine Immobilie oder höchstens zwei Mietwohnungen zu fokussieren. Sind diese gewinnbringend wiederverkauft, so ergeben sich neue Möglichkeiten. Personen mit größeren Budgets haben mehr Möglichkeiten. Hier ist sogar die Chance gegeben, ganze Dörfer oder Stadtteile aufzuwerten. Man nehme beispielsweise eine aufstrebende Stadt, in der mehrere Stadtteile beträchtlich aufgewertet wurden, aber ein angrenzender Stadtteil noch relativ heruntergekommen ist: Wenn Sie diesen Stadtteil frühzeitig besetzen und investieren, haben Sie die Chance darauf, über Investitionen und die Aufwertung des Stadtteils weitere Investoren hinzuzuziehen. In diesem Falle würden Sie eine Pionierrolle übernehmen und eine Gentrifizierung einleiten. Als Pionier einer Gentrifizierung profitieren Sie von den größten Wertsteigerungen und Gewinnen.

Der Fall von Sven-Erik Hitzer aus dem Beispiel im ersten Kapitel war kein Immobilienankauf und -verkauf. Er verwirklichte mit seinem Sohn zusammen eine Vision, die mehrere Gaststätten, Hotels und Unternehmen entstehen ließ. Aber die Ausgangsbasis waren Immobilien, die günstig und in einer grauen Gegend erstanden wurden. Zwangsversteigerungen und bloßes Interesse ermöglichten Hitzer den Erwerb. Sein Vorgehen zog auch andere Kapitalanleger an, die Immobilienankauf und -verkauf durchführten. Sie kauften die weiter oben in den Bergen gelegenen Häuser des Dorfes an, warteten einige Jahre und verkauften sie zum vielfachen Wert des ursprünglichen Kaufpreises, weil die durch Investor Hitzer in die Wege geleitete Gentrifizierung den gewinnbringenden Verkauf ermöglichte.

Das von Ihnen entwickelte Konzept, mit dem Sie den An- und Verkauf von Immobilien betreiben, muss Ihr Budget berücksichtigen und immer umsetzbar sein. Zudem müssen Sie den **Zeitraum festlegen, in dem Sie wieder Gewinne verzeichnen möchten.** Während Großinvestoren bei Großprojekten den Luxus haben, sich teilweise zehn bis 20 Jahre Wartezeit auf die Veräußerung der Immobilien zu erlauben, ist bei **kleineren Budgets** in Immobilien zu investieren, die die **Aussicht auf zeitnahe Erträge** bringen. Bei einem Budget von z. B. 120.000 € können Sie maximal an einer Immobilie zeitgleich arbeiten, was bedeutet, dass es eine schnell veräußerbare Immobilie sein muss.

Zwangsversteigerungen

Zu Zwangsversteigerungen kommt es, wenn Kreditnehmer das Darlehen für die Immobilie nicht abbezahlen. Das Kreditinstitut versucht zunächst, die Immobilie zum Verkehrswert oder knapp darunter zu verkaufen. Ziel ist es, trotz der ausbleibenden Raten durch den Kreditnehmer, die Immobilie zu einem Preis zu verkaufen, der in Kombination mit dem Kreditgeschäft der Bank einen Gewinn verschafft. Lässt sich die Immobilie nicht verkaufen, so wandert sie „unter den Hammer", wie es bei Zwangsversteigerungen heißt. Dort sind **Schnäppchen nicht unüblich**, die Auktion ist **jeder Person zugänglich** und eine transparente Durchführung mit Offenlegung aller evtl. vorhandenen sowie bekannten Lasten auf der Immobilie ist gegeben. Neben diesen Vorteilen existieren Risiken im Falle eines Kaufs, wie z. B. das nicht vorhandene Rücktrittsrecht vom Kaufvertrag.

Auskunft über Zwangsversteigerungen

Informationen über anstehende Zwangsversteigerungen finden sich in erster Linie im **Amtsgericht**. Das Amtsgericht trägt die Verantwortung zur Durchführung der Versteigerungen. Vor Ort sind immer Aushänge vorhanden. Sind Sie auf der Suche nach geeigneten Immobilien nicht lokal gebunden, so lohnt sich ein Blick ins Internet, wobei das zvg-portal.de hilfreich ist. Wegen der Aushänge von Amtsgericht zu Amtsgericht zu fahren, macht nur dann Sinn, wenn Sie dies in Ihrem Umkreis tun. Weitere hilfreiche **Web-Portale** für die Suche nach bevorstehenden Zwangsversteigerungen:

- ◆ zvg24.net
- ◆ versteigerungspool.de
- ◆ ivd24immobilien.de (Unterseite für Zwangsversteigerungen)
- ◆ zwangsversteigerung.de

Neben der Auskunft im Amtsgericht und auf Portalen ist ein **Blick in die Tageszeitungen** aufschlussreich. Dort sind im Immobilienteil in für gewöhnlich schwarz umrandeten Kästchen die Termine samt weiteren Informationen zu anstehenden Zwangsversteigerungen aufgeführt.

Hinweis!

Termine für Zwangsversteigerungen können kurzfristig abgesagt werden. Vor dem Besuch einer Zwangsversteigerung sollten Sie überprüfen, ob die jeweilige Zwangsversteigerung tatsächlich durchgeführt wird oder nicht.

Bei sämtlichen Auskünften im Zusammenhang mit Zwangsversteigerungen sollten neben den Terminen auch Beschreibungen zur Lage der Immobilie sowie zum Verkehrswert aufgeführt sein. Hiermit sind wir bei einem wesentlichen Vorteil der Zwangsversteigerungen angelangt: Das **Amtsgericht beauftragt Sachverständige**, die vor der Zwangsvollstreckung den Wert der Immobilie ermitteln und die Immobilie im Hinblick auf Mängel sowie Lasten inspizieren. Diese Arbeit bleibt Ihnen erspart. Aber die Besichtigung durch Sachverständige hat so manch einen Haken ...

Vorzüge von Zwangsversteigerungen

Zwangsversteigert werden alle Arten von Immobilien, sobald die Voraussetzungen gegeben sind. Sie können somit jede Art von Strategie verfolgen – ob es sich um den An- und Verkauf von Gewerbeimmobilien, Wohngebäuden, Einfamilienhäusern oder Grundstücken handelt. Die Verfügbarkeit von zwangsversteigerten Immobilien ist im Vergleich zu den anderweitig käuflichen Immobilien geringer. Zudem bestehen **weniger Wahlfreiheiten, was Schnitt und andere individuelle Kriterien der Immobilie anbelangt.** Weil bei einer An- und Verkaufsstrategie ebenso wie bei einer Vermietung diese Kriterien nicht relevant sind, sondern ein guter Zustand in guter Lage, ist die Auswahl an Immobilien auf Zwangsversteigerungen fürs Erste als positiv zu bewerten.

Ein weiterer und bereits genannter Vorteil ist die Erstellung eines Gutachtens durch einen Sachbeauftragten. Dieser errechnet den Verkehrswert der Immobilie, wobei er die relevanten Aspekte wie Lage, Zustand und Lasten mit einbezieht. Die Unabhängigkeit des Sachverständigen ist ebenfalls sichergestellt. Einziger Haken an der Sache: Der **Sachverständige hat häufig nur die Chance, die Immobilie von außen zu betrachten.** Damit geht einher, dass Mängel innerhalb der Immobilie meistens ungewiss sind. Dennoch: Das Gutachten ist gegeben, Recherchearbeit wird Ihnen dadurch abgenommen.

> ## Tipp!
>
> Vergleichen Sie den Verkehrswert der Immobilie mit dem anderer Immobilien in der Lage. Im Falle eines geringen Verkehrswerts ist die Annahme naheliegend, dass die Immobilie in einem schlechteren Zustand ist als andere Immobilien in derselben Lage. Von einer Ersteigerung sollte abgesehen werden, bis nähere sichere Erkenntnisse über Mängel oder Lasten der Immobilie vorliegen.

Auf der Seite der Vorteile steht ferner der **faire und transparente Vorgang bei einer Auktion.** Für jede bietende Person gelten dieselben Bedingungen. Zwar sind die Bedingungen für einzelne Personen schwieriger zu erfüllen als für andere. Dies gilt vor allem im Hinblick auf die Zahlkraft: Bieter, die mit höheren finanziellen Mitteln in die Auktion gehen, haben mehr Perspektiven. Aber die Regeln sind für alle Teilnehmer trotzdem dieselben. Der Informationsstand, der durch die Mitteilungen des Amtsgerichts hergestellt wird, ist ebenfalls für alle Bieter derselbe.

Nachteile bei Zwangsversteigerungen

Neben dem erwähnten Nachteil, dass das Gutachten des Sachverständigen eventuell ohne Besichtigung des Inneren der Immobilie erfolgt, ist eine gewisse **Unberechenbarkeit des Ablaufs nach dem Kauf** gegeben. Zwar besitzt die Person, die den Zuschlag erhält, die Immobilie, aber mögliche Mängel innerhalb der Immobilie, die

Probleme, eventuelle Mieter aus der Immobilie zu bekommen, oder ein Vorbesitzer, der sich weigert, die Räumung durchzuführen, sind vorhanden. Weil der Vorbesitzer nicht in der Lage ist, für die **Räumung** zu zahlen, **bleiben die Kosten häufig beim Käufer der Immobilie hängen.**

Die Stimmung im Auktionssaal kann zudem dazu verleiten, über die eigenen finanziellen Ressourcen hinaus zu bieten oder zumindest teurer zu bieten, als es zuvor beabsichtigt war. So wird aus einem vermeintlichen Schnäppchen ein potenzielles finanzielles Desaster. Für eine vernünftige Verhaltensweise beim Bieten und für ein professionelles persönliches Geschäft ist es unerlässlich, sich beim Bieten nach oben hin klare Grenzen zu setzen und diese einzuhalten.

Tipp!

Die richtige Bieterstrategie trägt zum Erfolg bei. Personen mit einem begrenzten Budget sollten bei vielen Bietern im Raum nicht zwingend mit dem geringsten Gebot einsteigen, sondern mit einem Gebot knapp unterhalb der persönlichen Grenze. So wird ein nervenaufreibender und zu riskanten Geboten animierender Wettstreit vermieden. Zudem setzt ein zu Beginn hohes Angebot ein Ausrufezeichen, das die anderen Bieter eventuell einschüchtert. Nur die Personen, die aus einem umfassenden finanziellen Rahmen schöpfen und notfalls den gesamten Verkehrswert der Immobilie zahlen können, sollten in kleinen finanziellen Sprüngen bieten.

Oftmals sind bei einer Auktion große Bieter als Konkurrenten vorhanden, womit wir beim letzten Nachteil angekommen wären. Dass es bei Zwangsversteigerungen Immobilien vergleichsweise günstig zum Kauf gibt, wissen auch Investoren und andere Personen mit umfassenden finanziellen Mitteln, weswegen sie bei den Auktionen immer präsent sind. Dies mindert die Chance auf Schnäppchen.

Vorgehensweise bei einer Zwangsversteigerung

Vor Beginn der Auktion muss die **Verfügbarkeit finanzieller Mittel sichergestellt** sein. 10 % Sicherheitsleistung auf den Verkehrswert der zum Kauf anvisierten Immobilie sind zu hinterlegen. Weil es nach dem Zuschlag **keine Rücktrittsmöglichkeit vom Kauf** gibt, ist das Vorhandensein der gesamten Kaufsumme erforderlich. In Verbindung mit dem Immobilienkauf stehende Kaufnebenkosten müssen gedeckt werden. Bei Finanzierungen sollte das präferierte Objekt bereits eingehend betrachtet und die Beschaffung der notwendigen finanziellen Mittel mit der Bank besprochen worden sein.

Am **Tag der Auktion** findet zunächst eine **Identifizierung der Bieters anhand dessen Personalausweis** statt. Zudem ist die 10-prozentige Sicherheitsleistung in Form eines Verrechnungsschecks oder einer Bürgschaft einer Bank vorzulegen. Auch eine Überweisung auf das Konto des Amtsgerichts ist möglich. Sicherheitszahlungen per Bargeld sind nicht erlaubt.

Nachdem im Auktionssaal Platz genommen wurde, stellt der Rechtspfleger die Immobilie vor. Danach verließt er das **Mindestgebot**, woraufhin sich jeder Bieter durch die **mündliche Abgabe eines Gebots** an der Bieterstunde beteiligen kann. Die Bieterstunde muss mindestens 30 Minuten dauern, nach oben hin bestehen keine Grenzen. Den Zuschlag bekommt die meistbietende Person. Möglich ist eine **Aufhebung dieses Zuschlags, wenn folgende Bedingungen erfüllt sind**:

◆ 7/10-Grenze: Der Gläubiger – beispielsweise das Kreditinstitut, das aufgrund ausbleibender Kredittilgung sowie Ratenzahlungen die Zwangsvollstreckung beantragt – hat nach §74a ZVG das Recht, bei einem Zuschlag von weniger als 70 Prozent des Verkehrswertes der Immobilie die Ablehnung des Zuschlags zu beantragen.

◆ 5/10-Grenze: Das Amt muss den Zuschlag nach §85a ZVG verwehren, falls der Zuschlag nicht die Hälfte des Verkehrswertes erreicht.

- Ab der zweiten Versteigerung gelten beide Grenzen nicht mehr, sodass sogar Schnäppchen für rund 30 Prozent des Verkehrswertes denkbar sind.

Es sollte nicht auf die zweite Versteigerungsrunde spekuliert werden. Sie tritt nur bei maroden Immobilien ein. Zwar besteht hier die Möglichkeit zur Sanierung und zum gewinnbringenden Wiederverkauf, aber um marode Immobilien günstig zu erhalten, müssen Sie nicht an einer Auktion teilnehmen. Diese gibt es reichhaltig auf anderen Wegen zum Kauf.

Zwangsversteigerungen sind aufgrund der ohnehin vorhandenen Risiken nur dann ratsam, wenn Sie einen Kauf bei 70 % des Verkehrswertes als einen Erfolg empfinden. Zudem müssen bei der ersteigerten Immobilie möglichst positive Informationen und viele positive Details zu dem Zustand vorliegen, um die Risiken gering zu halten. Dann bieten Zwangsversteigerungen eine Chance, Immobilienankauf und -verkauf zu betreiben, ohne umfassende Sanierungs-, Renovierungs- und/oder Modernisierungsarbeiten durchführen zu müssen.

Kontakte zu Gläubigern aufbauen

Dieser Punkt steht in Verbindung mit Zwangsversteigerungen. Die **Gläubiger** machen bei einer Zwangsversteigerung ihr Recht geltend, wenn Personen einen Kredit nicht zahlen. Ihnen gehört von nun an die Immobilie. Sie **leiten über die Amtsgerichte und dortige Verwalter das Verfahren in die Wege**, falls die Immobilie nicht verkauft werden kann. Durch direkte Kontakte zu Gläubigern finden sich Möglichkeiten, die Zwangsversteigerung zu umgehen, indem vor dem Termin oder noch vor der Beauftragung des Amtsgerichts ein Kaufbetrag ausgehandelt wird. Neben Kontakten zum Gläubiger ist es auch möglich, solch einen **Deal über den Insolvenzverwalter abzuwickeln**, der vor dem Zwangsversteigerungsverfahren erreichbar ist.

Kontakte zu Gläubigern können **aus dem eigenen Bekanntenkreis** stammen. Kennen Sie selbst eine Person, die als Gläubiger tätig ist, oder kennen Bekannte von Ihnen entsprechende Personen, dann verhilft ein einfaches Gespräch in der Regel zum Aufbau des Kontakts. Der Gläubiger dürfte dem Kontakt nicht abgeneigt sein, weil er bzw. sein Arbeitgeber von dem Deal mit Ihnen profitiert. Es besteht schließlich die Aussicht, schwer verkäufliche Immobilien ohne ein Zwangsversteigerungsverfahren zu verkaufen. Suchen Sie in Ihrem Bekanntenkreis in alle Richtungen nach eventuellen Kontakten. Über Bekannte von Bekannten lässt sich eine Kette aus Bekanntschaften entspannen. Es ist sehr wahrscheinlich, dass irgendeine Person Kontakte zur Bank hat, womit meistens schon der Schritt in die Gläubigerkreise geschafft ist.

Hinweis!

Über Bekanntenkreise sind auch direkte Immobilienangebote denkbar. Es kommt hin und wieder vor, dass ein Familienmitglied, ein Freund oder ein Arbeitskollege eine Person kennt, die ihre Immobilie verkaufen möchte. Ob diese Immobilie sich für eine Investition sowie den An- und Verkauf lohnt, ist nicht gewiss. Aber sollte es der Zufall hergeben, dass sich die Immobilie in einem schlechten Zustand befindet oder die Person Geldnöte hat, dann sind Sie Ihrem Schnäppchen nahe. Weil das Geschäft über einen Bekannten eingeleitet wird, ist ein vertrauter Rahmen gegeben, in dem sich wahrscheinlich entspannt verhandeln lässt.

Bei einem Bekanntenkreis ohne Gläubigerkontakte sind **Zwangsversteigerungen ein Weg, um erste Kontakte zu gewinnen und eine feines Netz aus Kontakten zu spinnen.** Den ersten Kontakt zu einem Gläubiger können Sie hier knüpfen. Bei dem Zuschlag für eine Immobilie ist Ihnen die Herstellung eines Kontakts gewiss. Es ist wie in vielen Bereichen: Je mehr Sie in einer Branche oder einem Branchenzweig aktiv sind, umso mehr Kontakte werden Sie gewinnen. Mit der Zeit lassen sich die Kontakte nicht vermeiden.

Der Vorteil der Kontakte besteht darin, dass Ihr Aufwand reduziert wird. Sie selbst müssen weniger Arbeit verrichten, weil Ihnen die Gläubiger die Angebote zu guten Konditionen zuschicken.

Bewertungen durchführen und Kaufangebote unterbreiten

Eine Strategie zur Immobiliensuche, die **mit einem zusätzlichen Nebenerwerb verbunden** ist, ergibt sich bei der Immobilienbewertung. Sie bewerten Immobilien von Personen, die verkaufen möchten. Durch die Durchführung einer Bewertung beraten Sie die Personen einerseits fachmännisch, erfahren von Immobilien auf dem Markt andererseits früher, als es Ihre Konkurrenten tun. **Im Zuge der Bewertung** können Sie **den Kunden direkt ein Angebot unterbreiten**. Eventuell wird das Angebot angenommen und Sie erhalten die begehrte Immobilie zum gewünschten Preis.

Hinweis!

Selbst, wenn der Kauf einer Immobilie nicht gelingt, gehen sie aus dem Termin und der Immobilienbewertung als Gewinner hervor. Denn für eine Immobilienbewertung erhalten Sie ein Honorar, das für Immobilien bis zu einem Wert von 150.000 € in der Regel zwischen 1.000 und 1.500 € liegt. Die Immobilienbewertung ist als eine Option, um geeignete Immobilien für die eigene Investitionstätigkeit zu entdecken, und als ein lohnender zusätzlicher Geschäftszweig für Sie zu verstehen.

Wer darf Immobilien bewerten?

Jede Person darf Immobilienbewertungen anbieten sowie durchführen. Eine Vielzahl an Online-Portalen, auf denen Verkäufer eine Immobilienbewertung oberflächlich durchführen lassen können, steht sinnbildlich für die geringen Barrieren bei der Aufnahme eines solchen Geschäftszweiges. **Vorteilhaft** ist es, wenn Sie **Erfahrungen und Referenzen** vorzuweisen haben. So akquirieren Sie die ersten Kunden einfacher. Wenn Sie bei einer Nachfrage nach Referenzen darauf verweisen können, dass Sie mehrere Immobilien angekauft und verkauft haben, genügt dies vielen Kunden ebenfalls als Qualitätsnachweis.

Falls Sie Immobilienbewertungen selbst anbieten, ist sicherzustellen, dass die **qualitative Kompetenz** den Ansprüchen der **Immobilienwertvermittlungsverordnung (ImmowertV)** genügt. Diese Verordnung schreibt genau vor, welche Bestandteile eine Immobilienbewertung enthalten sollte und wie sie aufgebaut zu sein hat. Personen, die bei der Bewertung die Kriterien der ImmowertV nicht erfüllen, laufen Gefahr, fehlerhafte Bewertungen abzugeben. Negative Bewertungen durch Kunden und ein schlechtes Fundament für das eigene Geschäft sind die Folge. Gleiches gilt übrigens für Bewertungen, die bewusst zu tief angesetzt werden, um selbst günstig kaufen zu können: Diese Masche spricht sich herum, sodass man in Kundenbewertungen schlimmstenfalls als Betrüger bezeichnet wird – ein schlechteres Marketing kann es kaum geben. Wer auch immer wie auch immer die Bewertungen durchführt – Fachkenntnisse, Qualität, Genauigkeit und Objektivität sind essenziell bei der Immobilienbewertung.

Deal im Zuge der Immobilienbewertung?

Ein Deal im Zuge der Immobilienbewertung kommt nur dann zustande, wenn er beide Seiten zufriedenstellt. Tatsächlich gestaltet sich dies als schwer. Denn während der Verkäufer noch am Anfang des Verkaufs steht und nicht die Erfahrung machen konnte, wie viel Interessenten für die Immobilie bieten, möchten Sie die Immobilie zu einem geringeren Preis als dem Verkehrswert erhalten. Dies wird dem Verkäufer noch zu Beginn seiner Verkaufsaktivitäten als zu früh erscheinen. Wie lassen sich diese verschiedenen Ansprüche miteinander vereinbaren?

Es existieren **drei Wege zur Argumentation,** von denen sich Gebrauch machen lässt, um die **Wahrscheinlichkeit eines Deals zu steigern:**

I. Auf reduzierten Aufwand verweisen! *Wenn der Verkäufer nicht an Sie verkauft, dann hat er einen erhöhten Aufwand im Verkaufsprozess. Ein Kauf im Zuge der Immobilienbewertung ist der einfachste und schnellste Weg.*

II. In profitablen Lagen den Verkehrswert zahlen! *Sofern der Verkehrswert in den nächsten Jahren Luft nach oben hat und die Immobilie sich für einen An- und Verkauf mit langer Haltedauer lohnt, ist eine Zahlung des Verkehrswerts lohnend.*

III. Auf Gebäude in sanierungsbedürftigem Zustand fokussieren! *Bewerten Sie Immobilien in einem schlechten Zustand, dann wird Ihnen der Verkäufer beim Verhandeln des Kaufpreises eher entgegenkommen. Sogar bei einem Kaufpreis deutlich unter dem Verkehrswert könnte er zufrieden sein, weil Sie ihm eine Menge Aufwand im Verkaufsprozess ersparen.*

Es ist alles eine Frage der Argumentation und der Strategie. Es muss nur eine Übereinkunft gefunden werden, die beide Seiten, Käufer und Verkäufer, als Gewinner dastehen lässt. Hier sind Ihre Softskills in Verhandlungen gefragt. Wenn es anfangs noch nicht wie geplant funktioniert, dann wird es mit fortschreitender Zeit besser klappen.

Inserate

Inserate finden sich auf spezialisierten sowie allgemeinen Portalen. **Spezialisierte Portale** sind die weitläufig bekannten Websites von Immobilien-Anbietern, wozu u. a. immowelt.de und immobilienscout24.de gehören. Beispiele für **allgemeine Portale** sind ebaykleinanzeigen.de und das „Schwarze Brett". Letzteres ist kein Portal, sondern bezeichnet Websites für die Sammlung von Inseraten. Für jede Stadt existieren im Internet andere Schwarze Bretter. Es ist nicht unwahrscheinlich, im Schwarzen Brett Schnäppchen zu entdecken, da es sich immer wieder zeigt, dass das Schwarze Brett vereinzelt von Personen genutzt wird, die wenige Kenntnisse über die Schaltung von Anzeigen im Internet haben und nicht das volle Potenzial der Vermarktung über das Internet ausschöpfen. Daher kommt es meist zu wenig Konkurrenz bei Angeboten auf dem Schwarzen Brett und einer besseren Verhandlungsposition mit den Verkäufern – so die allgemeinen Beobachtungen.

Hinweis!

Im Internet sind Betrüger aktiv. Sie veröffentlichen Immobilien, die gar nicht existieren, um über einen anschließenden Kontakt mit Interessenten Daten oder Geld zu stehlen. Dieser Betrug taucht meistens bei Mietinteressenten auf, findet gelegentlich aber auch Anwendung bei Kaufinteressenten. Schicken Sie deswegen nie Fotos Ihres Personalausweises, Ihre Sozialversicherungsnummer oder Geld per Vorauskasse an Verkäufer. Der Personalausweis wird erst beim Notartermin notwendig, die Überweisung des Geldes noch später.

Bei Inseraten auf Portalen profitieren Sie von **mehreren Filterfunktionen:**

- ◆ Art der Immobilie wählen (u. a. Gewerbeimmobilie, Haus, Wohnung)
- ◆ Details zum Gebäude (u. a. Wohnfläche, Zimmeranzahl, Baujahr, Preis)
- ◆ Haustyp (u. a. freistehend, Reihenhaus, Doppelhaushälfte)
- ◆ Hausausstattung (u. a. Dachboden, Keller, Einbauküche)

Tatsächlich bietet das Portal „eBay Kleinanzeigen" im Vergleich die meisten Filteroptionen, wobei sogar provisionsfreie Immobilien filterbar sind. Weil die Inserierung der Immobilien hier kostenlos ist, fällt das **Angebot an Immobilien oft größer** aus. Es empfiehlt sich, bei der Suche nach geeigneten Immobilien über Inserate im Internet zuerst das Angebot bei „eBay Kleinanzeigen" zu begutachten. Daraufhin können andere Portale ausgekundschaftet werden.

Außerhalb vom Internet werden **Inserate in Zeitungen** und in Form von **Aushängen in Supermärkten** oder an anderen Stellen veröffentlicht. Auch wenn diese Wege zur Immobiliensuche altmodisch erscheinen mögen, so lässt sich ein positives Merkmal nicht leugnen. Nämlich nutzen vereinzelt Personen, die vom Internet wenig Ahnung haben, die Zeitung zur Inserierung ihrer Immobilie. Dort fallen die **Preise aufgrund der wenigen Bieter und der oftmals in Bezug auf Immobilienpreise mangelnden Kenntnisse der**

inserierenden Personen geringer aus. Diese Annahme lässt sich meistens nur auf eine geringe Menge an Inseraten in der Zeitung übertragen, aber sie ist berechtigt. Die Profis haben dies begriffen und ergänzen die Suche nach Inseraten im Internet um die Suche nach Inseraten in Zeitungen. In Aushängen sollte nicht gezielt nach Immobilien gesucht werden, weil hier der Aufwand immens ist, der Ertrag aber selten in Relation dazu steht. Wenn Sie ohnehin bereits in einem Supermarkt sind, dürfen Sie gern auf die Aushangtafeln blicken. Aber speziell zu Aushangtafeln in Supermärkten zu fahren, um eventuelle Immobilienangebote zu finden, lohnt sich nicht. Die Fahrt zu den Amtsgerichten, um dortige Aushänge mit Informationen zu Zwangsversteigerungen zu studieren, erweist sich vergleichsweise als nützlicher.

Gegenden abfahren

Eine letzte Option zur Suche nach geeigneten Immobilien besteht darin, Gegenden abzufahren. Dies können Sie gezielt machen, indem Sie **an hoch frequentierten Bereichen bzw. Stadtteilen vorbeifahren**. Oder Sie nutzen die „Inspiration des Zufalls", wenn Sie.

- ♦ … eine bekannte Person besuchen oder zu einem Termin fahren und Ihnen ein Gebäude in guter Lage und in einem nicht besonders guten Zustand auffällt, das zum Verkauf steht.

- ♦ … im Urlaub sind und dort ein Gebäude vorfinden, das verkauft wird und ein hohes Potenzial hat.

- ♦ … bei der Wahrnehmung beruflicher Pflichten viel herumkommen und Ihnen auf Ihren Wegen zum Verkauf stehende Immobilien auffallen.

Diese Strategie zur Suche geeigneter Immobilien **lohnt sich nur bei maroden Gebäuden in guter Lage**. Es ist einleuchtend, dass Sie nicht bei jeder Immobilie, die zum Verkauf steht, aussteigen und telefonieren können. In guten Lagen wird der Preis für Immobilien in gutem Zustand ohnehin hoch sein, sodass sich ein An- und Verkauf in unter zehn Jahren Haltedauer mit zwischenzeitlicher

Vermietung nicht rentiert. Die Strategie kommt dann zum Einsatz, wenn Sie Immobilien in vielversprechenden Lagen sehen, die in einem schlechten Zustand sind. Hier ist denkbar, dass der Preis gering sein wird und sich ein Zwischenstopp lohnt.

Unterm Strich steht, dass Gegenden abzufahren eher das letzte Mittel der Wahl ist, um an geeignete Immobilien zu gelangen. Es ist **zeit- und kostenaufwendig**. Das Verfahren lebt vom Zufall. Sollten Sie irgendwann bei einer Vorbeifahrt das Gefühl haben, dass die jeweilige Immobilie gut genutzt werden kann, dann halten Sie an. Ansonsten widmen Sie sich den nachhaltigeren und ertragreicheren ersten vier in diesem Kapitel beschriebenen Strategien.

Zusammenfassung

Es existieren die Methoden Zwangsversteigerungen, Kontaktaufnahme zu Gläubigern, Durchführung von Immobilienbewertungen, Inserate und das „Entlangfahren", um geeignete Immobilien zu finden. Aus den genannten Methoden zum Immobilienerwerb ist ein individuelles Konzept zusammenzustellen, mit Hilfe dessen Sie den Handel mit Immobilien erfolgreich aufziehen.

Bei dem An- und Verkauf von Immobilien ohne umfassende Sanierungsarbeiten lohnt es sich, Zwangsversteigerungen zu besuchen und Kontakte zu Gläubigern zu pflegen. Auch Inserate im Internet und in Zeitungen können zielführend sein. Das Ziel muss es sein, Immobilien knapp unter dem Verkehrswert zu kaufen, eine gute Lage ist ebenfalls ein Muss.

Bei dem An- und Verkauf von maroden Immobilien ist im Prinzip jeder der in diesem Kapitel geschilderten Beschaffungswege für Immobilien geeignet. Bei Zwangsversteigerungen sind marode Immobilien jedoch umso unberechenbarer, als es sämtliche Arten von Immobilien auf den Auktionen ohnehin schon sind.

Kalkulieren Sie bei Sanierungen nicht zu knapp und fokussieren Sie sich bei geringen Budgets lieber auf eine Immobilie. Je länger Sie aktiv sind, umso mehr Geld sammelt sich an und umso größer werden Ihre Projekte. Bei hohen Budgets über mehrere Millionen Euro kommt für Sie sogar die Rolle eines Pioniers bei Gentrifizierungen in Frage, was allerdings mit längeren Haltedauern bis zur Veräußerung der Immobilien verbunden ist.

Schlusswort

Der An- und Verkauf von Immobilien wird gemäß transparenter Parameter profitabel gestaltet. Diese Parameter sind beim Ankauf die Lagekriterien sowie die Kennzahlen und Qualitätsmerkmale der Immobilie. Im Gegensatz zur Vermietung muss beim An- und Verkauf im kurzfristigeren Zeitrahmen gedacht werden; es sei denn, die Immobilie soll über eine längere Zeit von in der Regel mindestens zehn Jahren gehalten und vermietet werden, ehe Sie verkauft wird. Ist dies nicht angedacht, so weichen die Kaufkriterien leicht von denen bei der Tätigkeit als Vermieter ab. Es ist nicht wichtig, die Immobilie in einem möglichst guten Zustand zu erwerben. Durch eine Renovierung, Sanierung und/oder Modernisierung werden marode Immobilien in einen guten Zustand gebracht und mit Profit wiederverkauft. Was dafür beim An- und Verkauf von Immobilien umso mehr zählt, sind die Lagekriterien: Ein langfristiger Anstieg der Mieten und eine prognostizierte blendende Entwicklung der Mikro-, Meso- und Makro-Lage im Umfeld der Immobilie spielen kaum eine Rolle, weil die Immobilie zeitnah wiederverkauft wird. Falls Sie diese Unterschiede beim Immobilienhandel gegenüber der Vermietung von Immobilien beherzigen, sind Sie bereits auf einem sehr guten Weg, um die richtigen Immobilien anzukaufen. Passende Immobilien finden Sie, indem Sie auf Zwangsversteigerungen mitbieten, Kontakte zu Gläubigern pflegen, Inserate suchen, Gegenden nach passenden Objekten abfahren, Immobilien besichtigen und bewerten und selbst neue Anlaufstellen zum Immobilienerwerb erschließen.

Der Rest beim Immobilienhandel ist für Sie meist reine Rechenarbeit. Kalkulieren Sie im ersten Schritt den Kaufpreis für die Immobilie und die Nebenkosten des Kaufs. Rechnen Sie daraufhin die Kosten für eine Aufwertung der Immobilie hinzu. Hier trennt sich die Spreu vom Weizen: Entweder Sie kaufen marode Immobilien an und erzielen den Großteil des Profits durch die Aufwertung und den gesteigerten Immobilienwert *oder* Sie kaufen weitestgehend gute Immobilien auf, wobei Sie den Gewinn dadurch erzielen, dass Sie Immobilien unter dem Marktwert kaufen. Eines dieser Konzepte wird in der Regel gewählt. Sie dürfen davon ausgehen, dass Sie mit dem ersten Modell – dem Kaufen maroder Immobilien und deren Aufwertung – am meisten geeignete Immobilien finden werden. Der Kauf einer guten Immobilie unter Marktwert ist hingegen unwahrscheinlicher. Je nachdem, welches Geschäftskonzept Sie auswählen, addieren Sie die Kosten für die Arbeit an der Immobilie hinzu. Je umfassender Renovierung, Sanierung und/oder Modernisierung ausfallen, umso geringer wird der Immobilienpreis, aber umso höher werden die Ausgaben für die Aufwertung der Immobilie. Untersuchen Sie die Immobilie in diesen Fällen immer bis aufs Detail, denn böse Überraschungen im Zuge der Arbeiten wiegen finanziell schwer und können aus dem angestrebten Gewinngeschäft ein Verlustgeschäft machen. Am Ende der Kalkulationen sollte folgende Formel aufgehen:

Voraussichtl. Verkaufspreis - Ankaufspreis - Nebenkosten - Kosten für Sanierung, Renovierung, Modernisierung, Umbau, Ausbau = Überschuss bzw. Gewinn, der für Sie zufriedenstellend ist

Ihr Konzept können Sie gewerblich oder als Investor umsetzen. Für die Frage, ob Sie gewerblich oder als Investor tätig werden, sind die Drei-Objekte-Grenze und die Haltedauer der Immobilie ausschlaggebend. Als Anfänger ist es am besten, zunächst ohne eine Gewerbeanmeldung ein oder zwei Testankäufe und -verkäufe durchzuführen, um festzustellen, ob der Immobilienhandel Ihnen liegt. Anschließend können Sie über die Anmeldung eines Gewerbes entscheiden, die Ihnen einerseits Pflichten wie Buchführung und Steuerzahlungen auferlegt, mit Unternehmensförderungen und der Gründung einer Gesellschaft andererseits interessante sowie lukrative Perspektiven offeriert. Stichwort „Förderungen": Diese können Sie für bestimmte Arbeiten an der Immobilie beantragen, was Ihnen auf einfachem Wege günstiges Kapital verschafft.

Mit all diesen Dingen und dem gesammelten Wissen dürfen Sie mit dem Immobilienhandel beginnen. Sie haben jetzt tatsächlich durch das Lesen eines Buches den Wissensstand erreicht, der Sie befähigt, Immobilien anzukaufen, gewinnbringend zu verändern und schließlich zu verkaufen. Vieles werden Sie durch die Praxis lernen. Gehen Sie auf keinen Fall davon aus, dass Ihnen negative Erfahrungen erspart bleiben. Kein Buch ist in der Lage, Sie vor allen möglichen Mängeln einer Immobilie zu warnen. Sie müssten hierfür eine Ausbildung in Dutzenden verschiedenen Berufen durchlaufen. Diese Tatsache sollte Sie dafür sensibilisieren, besonders vorsichtig zu kalkulieren, Investitionen in Experten bei einem bestimmten Anlass (z. B. Feuchtigkeit in der Immobilie, 50er- bis 90er-Bau mit eventuellen Schadstoffen) nicht zu scheuen und ein Reservebudget für Notfälle einzuplanen. Sie werden zwar mit Jahren der Aktivität im Immobilienhandel dazulernen, aber komplett gefeit vor Fehlern ist kein Investor. Ein lebhaftes und zahlenmäßig präzise untermaltes Beispiel hierfür sind die vielen Immobilienshows im Fernsehen, wie z. B. „Fixer Upper", bei denen die erfahrenen Profis hin und wieder von beim Ankauf unerkannten Mängeln überrascht werden, woraufhin sie mit unerwarteten Kosten klarkommen müssen.

Abgesehen von den Besichtigungen und Arbeiten an der Immobilie zählt es zu Ihren Aufgaben, Ihren Wissensfundus und Kontakte zu Personen zu erweitern. Einschlägige Magazine, die für Immobilieninvestoren interessant sind, weil entweder mit Fokus auf Immobilien oder mit wichtigen wirtschaftlichen Hintergründen, sind regelmäßig zu lesen. Neben den allgemeinen Wirtschaftsmagazinen „manager magazin", „Capital" und „WirtschaftsWoche" sind u. a. folgende spezialisierte Fachmagazine für Immobilieninvestoren relevant:

♦ **HAUFE Immobilien Wirtschaft**

Es gibt Informationen zu zahlreichen Kategorien, die mit Immobilien in Verbindung stehen. Die Informationen gehen von der Politik über die Finanzierung und Investitionen bis hin zu Vermarktung und Management. Immer im Fokus ist dabei die Immobilie. Das Fachmagazin ist das größte Immobilien-Fachmagazin Deutschlands. Es schildert in den einzelnen Ausgaben des Öfteren detaillierte Kennzahlen zu einzelnen Regionen und Parametern, die im Zusammenhang mit der Investition in Immobilien informativ sind.

♦ **ivv Immobilien vermieten & verwalten**

Dieses Magazin ist vor allem für Vermieter ein Zugewinn. Investoren, die sich kurz- oder langfristig in WEGs einkaufen, profitieren ebenfalls auf ganzer Linie. Der Fokus auf Vermietung und Verwaltung gewährt eine inhaltliche Tiefe, die Einblicke in neue Trends der Immobilienwirtschaft bietet. Auch Themen wie die Modernisierung und Sanierung, die nicht nur für Vermieter und Verwalter interessant sind, kommen in den Inhalten des Fachmagazins reichhaltig vor.

♦ **DW Die Wohnungswirtschaft**

Einzelne Themenkomplexe sorgen für eine gute Struktur. Bereits die Übersicht über die Themenkomplexe verdeutlicht den Mehrwert der Zeitschrift: Neben bereits in anderen Fachmagazinen vorhandenen Themen werden rechtliche Aspekte und demografische Prognosen vorgestellt. Rechtlich auf dem aktuellen Stand zu sein, ist einer der wichtigsten Bestandteile für ein sorgenfreies und funktionierendes Immobiliengeschäft.

♦ **Immobilienwirtschaft**

Als eine Zeitschrift für Entscheider und Experten aus dem Immobilienbereich zählt dieses Magazin zu den wichtigsten auf dem deutschen Immobilienmarkt. Es fördert die Kompetenzen der Leser, indem es sie auf die wichtigsten Themen aufmerksam macht und differenziert über einzelne Sachverhalte berichtet. Das Spektrum an Themen weist mitunter in neueste Methoden der Immobilienbewertung ein, was ein enormer Mehrwert für Investoren ist. Inwiefern die IT-Innovationen bei Immobilieninvestments hilfreich sind, wird ebenfalls vorgestellt und mit Anwendungsbeispielen untermalt.

♦ **Immobilien & Finanzierung**

Schon seit 1950 gibt es dieses Fachmagazin. Die jahrzehntelange Existenz des Magazins hat dazu geführt, dass der Herausgeber Alleinstellungsmerkmale erarbeiten konnte, die sich u. a. darin äußern, dass renommierte Fachleute aus Ministerien, dem Kapitalmarkt und weiteren Segmenten publizieren. Die Zielgruppe sind weniger private Investoren als Gesellschaften. Dafür ist das Niveau der Informationen in diesem Fachmagazin für Gesellschaften außerordentlich hoch.

Kontakte erweitern Sie, indem Sie Messen besuchen, regional sowie national auf Veranstaltungen gehen und andere Angebote wahrnehmen, von denen anzunehmen ist, dass Sie dort auf Personen treffen, die in der Immobilienbranche tätig sind. Legen Sie sich außerdem Profile in den Sozialen Medien an, die Sie regelmäßig pflegen. Speziell fürs Business nützlich sind „LinkedIn" und „Xing". Ebenfalls fürs Business geeignet, aber vor allem zum Generieren von Reichweite unter privaten interessierten Personen, eignen sich die Netzwerke „Facebook" und „Instagram". Wenn Sie netzwerken, gewinnen Sie neue Anlaufstellen, um regelmäßig gute Immobilienangebote zu erhalten und preiswerte Gewerke für Arbeiten an der Immobilie zu finden, und generieren weitere Mehrwerte.

Wie Sie sehen, beginnt der Immobilienhandel nicht nur bei der Immobilie und hört auch nicht dort auf. Es ist ein lebhaftes Geschäft, das Kontakte zu Menschen und Unternehmen sowie das Feingefühl für die Vermarktung der eigenen Person verlangt. Erst wenn Sie sich weitreichend weiterbilden und all diese Punkte erfassen, noch dazu Ihre zwischenmenschlichen Kompetenzen vergrößern, werden Sie den Immobilienhandel mit maximalem Erfolg betreiben können.

In diesem Sinne: Wenden Sie das in diesem Buch Gelernte an, legen Sie mit ausreichend Kapital für Ihr gewünschtes Konzept optimistisch los und arbeiten Sie beständig daran, Wissen, Kontakte, Kapital, Netzwerke sowie weitere Ressourcen zu erweitern. Frohes Schaffen!

Gratis-Bonusheft

Vielen Dank noch einmal für den Erwerb dieses Buches. Als zusätzliches Dankeschön erhalten Sie von mir ein E-Book, als Bonus und völlig gratis.

Sichern Sie sich jetzt den **Immobilien Schnellreport!**

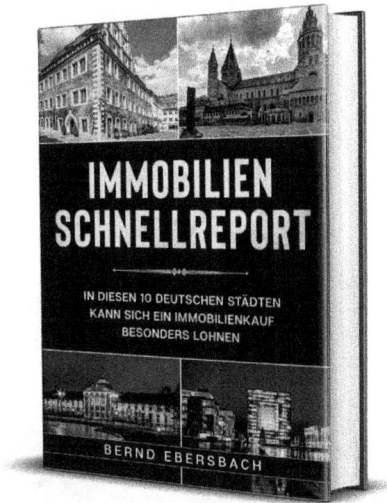

Dieser Report beinhaltet eine Übersicht über Top-Städte in Deutschland zur Kapitalanlage. Insgesamt werden zehn Städte vorgestellt, in denen Immobilien aktuell zu fairen Preisen erhältlich sind und eine potenziell große Entwicklung vor sich haben.

Sie können das Bonusheft folgendermaßen erhalten:

Um die geheime Download-Seite aufzurufen, öffnen Sie ein Browserfenster auf Ihrem Computer oder Smartphone und geben Sie Folgendes ein: *bonus.berndebersbach.com*

Sie werden dann automatisch auf die Download-Seite geleitet.

Bitte beachten Sie, dass dieses Bonusheft nur für eine begrenzte Zeit zum Download verfügbar ist.

Quellenverzeichnis

Literatur-Quellen:

Hebisch, B.: *Immobilien richtig besichtigen*. Taunusstein: Blottner Verlag GmbH, 2018.

Lange, D.: *Immobilien Fix und Flip – kaufen sanieren und mit Gewinn weiterverkaufen*. Braunschweig: Dirk Lange, 2020.

Mannek, W.: *Profi-Handbuch Wertermittlung von Immobilien*. Regensburg: Walhalla u. Praetoria Verlag GmbH & Co. KG, 2016.

Ostmann, F.: *Recht und Verträge beim Hausbau*. Düsseldorf: Verbraucherzentrale NRW, 2013. 1. Auflage.

Online-Quellen:

https://www.riwis.de/online_test/info.php3?cityid=&info_topic=allg

https://avw-ag.de/kategorisierung-in-abcd-staedte-ist-nicht-mehr-zeitgemaess/

https://www.effizienzhaus-online.de/energieeffizienzklasse/

https://www.realbest.de/de/unterlagen/baubeschreibung

https://ratgeber.immowelt.de/a/haus-renovieren-renovierungskos-ten-im-blick-behalten.html#c19509

https://www.karrieresprung.de/jobprofil/Anlagenmechaniker-fu-er-Sanitaer-Heizungs-und-Klimatechnik#:~:text=Zu%20ihren%20Aufgaben%20geh%C3%B6ren%3A,Anlagen%20zur%20Re-gen%2D%20und%20Brauchwassernutzung

https://www.my-hammer.de/

https://asbestsachverstaendiger.de/asbestsanierung/

https://www.knx-smart-home.de/

https://www.kfw.de/kfw.de.html

https://www.advocard.de/streitlotse/mieten-und-wohnen/dachbo-den-ausbauen-genehmigung-und-wichtige-vorschriften/

https://www.welt.de/finanzen/immobilien/article134155059/Das-ist-beim-Keller-Ausbau-zur-Wohnung-zu-beachten.html

https://www.test.de/Immobilien-Versteckte-Ge-fahren-1177798-2177798/#:~:text=Gift%20in%20B%C3%B6den%20und%20W%C3%A4n-den,PVC%2DFu%C3%9Fb%C3%B6den%20k%C3%B6nnen%20asbestverseucht%20sein.

https://www.stadtreinigung.hamburg/privatkunden/gebuehren.html

https://www.immobilienwertanalyse.de/bodenrichtwerte/

https://www.buhl.de/steuernsparen/grunderwerbsteuer-absetzen/

https://www.invoiz.de/lexikon/einzelunterneh-men/#:~:text=%C3%9Cbt%20eine%20einzelne%20

nat%C3%BCrliche%20Person,aus%2C%20f%C3%BChrt%20
sie%20ein%20Einzelunternehmen.&text=Sie%20-
k%C3%B6nnen%20aber%20auch%20als,des%20Unterneh-
mens%20ist%20der%20Einzelunternehmer

https://www.starting-up.de/gruenden/rechtsformen/gmbh-gesell-
schaft-mit-beschraenkter-haftung/gmbh-vor-und-nachteile.html

https://www.gesetze-im-internet.de/ustg_1980/__4.html

http://www.zvg-portal.de/

https://www.zvg24.net/

https://versteigerungspool.de/

https://www.ivd24immobilien.de/zwangsversteigerungen/

https://www.zwangsversteigerung.de/

https://dejure.org/gesetze/ZVG/74a.html

https://dejure.org/gesetze/ZVG/85a.html

https://www.gesetze-im-internet.de/immowertv/

https://www.immowelt.de/

https://www.immobilienscout24.de/

https://www.ebay-kleinanzeigen.de/

https://www.verbraucherzentrale.de/wissen/vertraege-reklamation/
abzocke/fakewohnungen-im-internet-gefaelschte-immobilienan-
zeigen-erkennen-27576

www.ingramcontent.com/pod-product-compliance
Lightning Source LLC
Chambersburg PA
CBHW071425210326

41597CB00020B/3658